유형별 사기·금융사기·인터넷물품거래사기·소액결제사기·게임 아이템 머니사기 등

사기죄
고소장 · 진정서 · 해결방법

편저 : 대한법률편찬연구회
(콘텐츠 제공)

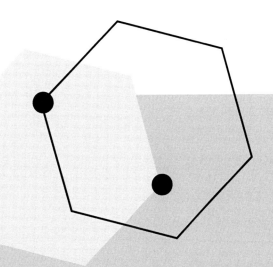

법문북스

유형별 사기·금융사기·인터넷물품거래사기·소액결제사기·게임 아이템 머니사기 등

사기죄
고소장 · 진정서 · 해결방법

편저 : 대한법률편찬연구회
(콘텐츠 제공)

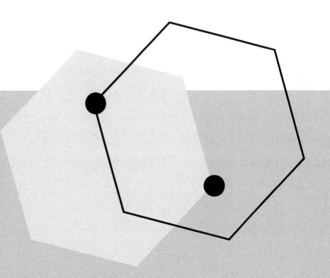

법문북스

머 리 말

거의 모든 사람들이 거래를 하며 살아갑니다.

내 통장으로 용돈이나 월급이 입금되고, 내 집 마련을 위해 적금을 붓고, 휴대전화나 인터넷을 이용해서 공과금을 납부하기도 하며, 은행에서 돈을 빌리기도 하고, 누구의 부탁에 의하여 돈을 빌려주는 것도 모두 거래에 속합니다.

이렇듯 거래는 우리의 일상생활과 매우 밀접하게 연관되어 많은 편리함과 이로움을 가져다주기도 합니다.

그러나 사기는 당하고 싶다고 당하는 것이 아닙니다.

사기는 주변에서 잘 알고 지내거나 가까운 사람이기 때문에 믿음에서 사기를 당하고 잘 알지 못하는 사람이 하는 말은 좀 더 깊이 알아보고 확인하는 습성이 있기 때문에 조심을 하기 마련입니다.

사기는 원천적으로 불가능한 것임에도 가능한 것으로 거짓말로 속이는 것입니다.

금전거래는 뜻하지 않게 사기를 당하고 간편함과 신속함을 이용한 보이스피싱 등 전기통신금융사기에 대한 피해를 입고 어떻게 해결해야 할지 그 대응방법을 몰라 아예 포기하는 사례가 많은 것도 사실입니다.

사기는 그 수법과 종류도 교묘하고 다양하게 진화하고 있습니다.

막상 사기를 당한 피해자가 사기죄에 대해 제대로 알지 못하는 바람에 법적으로 어떻게 대처하고 어떻게 해결해야 하는지 그 방법을 모르는 분들이 주변에는 상당히 많습니다.

법률을 전공하고 수사의 경험이 있다고 하더라도 사기죄에 대한 실무 경험이나 노하우가 없으면 대처하기가 그리 쉽지는 않습니다.

그래서 이 책자에는 누구나 혼자 해결할 수 있도록 사기죄에 대한 성립요건과 피해자가 가장 먼저 어떤 조치를 취해야 하고 또 어떤 증거를 확보해야 하며, 무엇을 입증해야 처벌시킬 수 있는지 사기의 유형 및 특징들을 구체적으로 살펴보고, 사기 피해 발생 시 대처요령 등에 관한 내용을 수록하였습니다.

아무쪼록 이 책자가 널리 활용됨으로써 여러분의 소중한 재산을 더욱 안전하게 보호하여 행복하고 안정된 일상을 누리시는 데 도움이 되기를 바라는 마음에서 이 책자를 발간하게 되었습니다.

대한실무법률편찬연구회 19년 7월

차 례

제13장 전기통신금융사기 피해금 환급절차 ··········· 273

제1장 사기죄의 처벌규정

형법 각칙 제39장 사기와 공갈의 죄 제1절 형법 제347조 사기죄 제1항 사람을 기망하여 재물의 교부를 받거나 재산상의 이익을 취득한 자는 10년 이하의 징역 또는 2,000만 원 이하의 벌금에 처하는 범죄입니다.

제2항 제1항의 방법을 제3자로 하여금 재물의 교부를 받게 하거나 재산상의 이익을 취득하게 한 때에는 전항의 형과 같이 처벌하는 범죄입니다.

컴퓨터 등 사용사기죄는 형법 제347조의2 컴퓨터 등 정보처리장치에 허위의 정보 또는 부정한 명령을 입력하거나 권한 없이 정보를 입력·변경하여 정보처리를 하게 함으로써 재산상의 이익을 취득하거나 제3자로 하여금 취득하게 한 자는 10년 이하의 징역 또는 2,000만 원 이하의 벌금에 처하는 범죄입니다.

이상의 경우에는 형법 제353조에 의하여 모두 10년 이하의 자격정지를 병과할 수 있습니다.

형법 제352조에 의하여 미수범도 처벌합니다.

형법 제351조에 의하여 상습범에 대한 가중처벌 규정도 있습니다.

특정재산범죄의 가중처벌법 제3조 제1항 형법 제347조(사기), 제347조의2(컴퓨터등 사용사기), 제350조(공갈), 제350조의2(특수공갈), 제351조(제347조, 제347조의2, 제350조 및 제350조의2의 상습범만 해당한다), 제355조(횡령·배임) 또는 제356조(업무상의 횡령과 배임)의 죄를 범한 사람은 그 범죄행위로 인하여 취득하거나 제3자로 하여금 취득하게 한 재물 또는 재산상 이익의 가액(이하 이 조에서 "이득 액"

이라 한다)이 5억 원 이상일 때에는 다음 각 호의 구분에 따라 가중처벌 합니다.

1. 이득 액이 50억 원 이상일 때 : 무기 또는 5년 이상의 징역

2. 이득 액이 5억 원 이상 50억 원 미만일 때 : 3년 이상의 유기징역

제2항 제1항의 경우 이득 액 이하에 상당하는 벌금을 병과할 수 있습니다.

그러므로 사기죄는 재산 죄 중 재물죄인 동시에 이익 죄에 해당하고 타의 범죄에 비하여 가중범죄에 해당합니다.

제1절 사기죄의 성립요건

가, 성립요건

사기죄가 성립하기 위해서는
첫째, '기망행위' 가 인정되어야 합니다.
둘째, '착오가 야기' 가 있어야 성립합니다.
셋째, '처분행위' 가 인정되어야 성립합니다.
넷째, '기망행위와 착오사이 및 착오와 처분행위 사이에 인과관계' 가 있어야 성립합니다.
다섯째, '재물 또는 재산상 이익의 취득' 이 있어야 성립합니다.
여섯째, '재산상 손해발생(위험)' 의 요건이 모두 충족돼야 성립합니다.

사기는 위 여섯 가지의 성립요건 중에서 적어도 어느 하나가 흠결된 경우에는 성립하지 않고 미수가 됩니다.

사기죄는 타인을 기망하여 착오에 빠뜨리고 그로 인하여 피기망자(기망행위의 상대방)가 처분행위를 하도록 유발하여 재물 또는 재산상의 이익을 얻음으로써 성립하는 범죄입니다.

따라서 사기죄가 성립하려면 행위자의 기망행위, 피기망자의 착오와 그에 따른 처분행위, 그리고 행위자 등의 재물이나 재산상 이익의 취득이 있고, 그 사이에 순차적인 인과관계가 존재하여야 사기죄가 성립합니다.

사기죄는 행위자의 기망행위 때문에 피기망자(피해자)가 착오를 일으켜야 하고, 동기의 착오로도 충분합니다. 기망(허위의 사실을 말하거나 진실을 은폐함으로써 상대방을 착오에 빠지게 하는 행위. 수단과 방법에 제한이 없고, 작위이건 부작위이건, 적극적이건 소극적이건

상관없이 거래관계에서 지켜야 할 신의칙에 반하여 상대방을 착오에 빠지게 하는 모든 행위를 기망행위라고 합니다)행위와 착오발생 간 인과관계가 있어야 사기죄가 성립합니다.

    나, 구성요건

    형법상 금지 또는 요구되는 행위가 무엇인가를 추상적·일반적으로 기술해 놓은 것을 구성요건이라고 하며, 범죄가 성립하기 위해서는 먼저 그 행위가 기망행위와 같은 구성요건에 해당하여야 합니다.

    즉 구성요건은 형법상 금지 또는 요구되어 있는 행위, 즉 금지의 실질을 규정한 법률요건에 해당하며, 이 법률요건에 대응하여 법률효과로서 형벌 또는 보안처분 등의 형사제재가 뒤따르기 때문에 구성요건과 형사제재가 합쳐져야 하나의 형벌법규를 이루는 것입니다.

    객관적 구성요건요소란 행위의 외부적 발생형태를 결정하는 사항을 말하며, 즉 행위의 주체, 행위의 객체, 행위의 모습 및 결과의 발생 등이 이에 속하는 것입니다.

    주관적 구성요건요소란 행위자의 관념세계에 속하는 심리적·정신적 구성요건사항을 말합니다. 예를 들어 목적범에 있어서의 목적, 경향범에 있어서의 내적(內的)인 경향 등이 여기에 속하는 것입니다.

    구성요건 요소 중 행위자의 주관적 태도에 연관된 구성요건요소를 말하는데 사기죄에 있어서 위법영득 내지 위법이득의 의사와 같은 심적 요인도 포함됩니다.

제2절 기망행위

사기죄의 기망행위는 널리 거래관계에서 지켜야 할 신의칙에 반하는 행위로서 사람으로 하여금 착오를 일으키게 하는 것을 말합니다.

사기죄가 성립하려면 첫째로 기망행위가 있어야 합니다.

기망의 수단방법에는 제한이 없습니다. 작위에 의하건 부작위에 의하건, 문서에 의하건 말로 하건 불문하고, 사람을 착오에 빠지게 하는 모든 행위를 말합니다.

사기죄는 기망행위를 범행 수단으로 하는 범죄이므로 범인이 피해자에게 거짓말(기망)을 하고 그 거짓말에 속은 피해자로 하여금 재산적 처분행위를 하게하는 범행입니다.

그러므로 사기죄는 원천적으로 불가능임에도 가능하다고 거짓말한 것이기 때문에 범인이 피해자에게 한 거짓말(기망)이 모두 범행이 됩니다.

부작위에 의한 기망이 사기죄가 되기 위해서는 진실을 고지할 의무가 있어야 합니다.

무전취식·무전숙박은 부작위로 인한 사기죄를 구성합니다.

무임승차는 기망으로 인한 재산상 이익을 취득하는 경우입니다. 과대광고는 일반적으로 시인되는 정도를 넘어 지나치게 과장하는 때에는 사기죄가 성립합니다.

행위자가 돈을 빌릴 당시 별도의 다수 채무를 부담하고 있었다거나, 채무자의 소득 등 수입이 불분명하다거나, 채무자 재산 대부분의 담보가 설정되어있거나 하는 등의 사정을 숨기거나 거짓말(기망)을 하였다면 사기죄가 성립합니다.

용도나 변제방법에 대해서는 돈을 빌리는 사람이 고지를 하는 경우가 많습니다. 용도나 변제방법이 확실해야 돈을 빌려주는 경우가 많기 때문입니다. 그래서 돈을 빌려 줄 때, 용도나 변제방법에 대해 돈을 빌리는 사람이 말하면 이에 대해 녹음이라도 하고 증거를 남겨두셔야 합니다.

차용사기의 경우, 기망행위와 편취의 범의에 대한 증명이 힘든 경우가 많습니다. 그래서 형사 고소를 하더라도 기소가 되지 않는 경우가 많고, 민사소송의 문제로만 남는 경우도 많습니다.

용도를 허위 고지하는 것은 기망행위입니다.

금전을 빌리면서 실제의 사용용도와 다른 용도를 채권자에게 고지하며 돈을 빌렸을 경우에는 기망행위가 인정되기 때문에 용도사기가 인정되어 사기죄가 성립할 수 있습니다.

법원을 기망하여 승소판결을 받아 부동산의 소유권 이전등기를 한 이른바 소송사기는 사기죄를 구성합니다.

차용당시에는 변제할 의사나 능력이 있었다면 그 후에 차용금을 변재하지 못하였다고 해도 민사상 채무불이행에 불과하고 기망한 것이 아니므로 사기죄가 성립하지 않습니다.

불법영득의사에 따라 피고소인이 고소인을 속여(기망과 착오)하여 재물을 편취(재물을 처분하여 교부)하려는 과정이 입증되어야 하며 불법영득의사는 차용인이 자백하지 않는 한 차용당시 전후의 차용인의 재력, 환경, 범행의 내용, 거래의 이행과정, 피해자와의 관계 등에 따른 객관적인 과정을 종합하여 판단하여야 한다는 판례의 입장이므로 차용사기는 입증이 되지 않는다면 사기죄가 성립하지 않습니다.

　기망은 단순히 사람을 착오에 빠뜨리게 한 것만으로는 기망이 있었다고 할 수 없고 적어도 그것이 거래관계에 있어서 신의칙에 반하는 정도에 이르러야 합니다.

제3절 착오의 야기

착오는 관념과 현실이 일치하지 않는 것을 말합니다.

사기죄가 성립하려면 둘째로 행위자의 기망행위에 의하여 피해자가 착오가 야기되어야 합니다.

기망과 상대방의 착오 사이에는 반드시 인과관계가 있어야 합니다. 그러나 기망행위가 착오에 대한 유일한 원인이 될 필요는 없습니다.

다만 단순히 용도를 속인 경우에 모두 문제가 되는 것은 아니며 개인의 주관적인 의사가 아닌 객관적으로 일반인의 관점에서 보았을 때에 만약 '사실대로 고지하였을 경우라면 돈을 빌려 주지 않았을 것'이라고 판단되는 경우에만 기망행위가 인정됩니다.(대법원 1995. 9.15. 선고 95도707 판결 참조)

예컨대 기계는 주어진 사실에 따라 피동적으로 작동될 뿐이므로 착오를 일으킬 수 없는 것이기 때문에 기계에 대한 착오는 있을 수 없습니다.

착오는 사용하기로 한 용도를 속이고 돈을 빌린 경우로 만일 진정한 사용할 용도를 말했더라면 상대방이 돈을 빌려 주지 않았을 것이라는 관계에 있는 때에는 사기죄의 실행행위인 기망은 인정됩니다.

제4절 처분행위

사기죄는 피기망자(피해자)의 의사에 따른 처분행위에 의하여 범인에게 재물을 교부하는 것을 말합니다.

사기죄는 성립하려면 셋째로 처분행위가 있어야 합니다.

처분행위는 범인의 기망행위에 의하여 피해자가 착오가 야기되어 피해자가 직접 재산상의 손해를 초래하는 행위, 수인(채무면제나 유예) 또는 부작위를 말합니다.

처분행위는 피해자가 착오를 일으켜 자신의 재산을 처분하여 범인에게 스스로 교부하는 것이므로 피해자의 의사에 반하여 재물을 훔치는 절도죄와 물건을 빼앗는 강도죄와 구별됩니다.

사기죄에 있어 처분행위는 자유의사로 이뤄져야 합니다.

처분 행위자에게 선택가능성이 있는 경우에는 자의성을 인정할 수 있지만 그러하지 아니한 경우에는 절도죄가 성립합니다.

여기서 작위에 의한 처분행위라고 하면 피해자가 행위자에게 스스로 재산을 넘겨주는 행위를 말합니다.

이러한 처분행위는 사실상의 행위나 법률행위 모두 가능합니다.

부작위에 의한 처분행위는 피해자가 행위자의 기망행위로 착오에 빠진 결과 재산을 유지·증가시킬 수 있는 권리를 행사하지 않거나 채권의 존재를 알지 못하여 채권을 행사하지 않는 것을 말합니다.

그러므로 사기죄가 성립하기 위해서는 피해자의 처분행위로 인하여 직접 재산상의 손해가 발생하여야 합니다.

기망행위와 착오의 경우와 같이 피해자의 착오와 처분행위 사이에도 인과관계가 있어야 하며, 처분행위는 그것이 직접 재산상의 손해를 발생하는 것이어야 합니다.

기망으로 인한 처분행위에 의하여 이득을 충족하였다고 볼 수 있는 경우에는 사기죄가 성립하지만 이득을 취득하지 않았다면 사기죄가 성립하지 않습니다.

사기죄가 성립하기 위해서는 착오와 처분행위 사이에는 인과관계가 존재하여야 성립합니다.

기망의 원인과 착오의 결과로 어떤 처분행위가 서로 교착된 원인이 될 것을 요합니다. 그러므로 기망과 피해자의 착오 사이에는 인과관계가 있어야 사기죄가 성립합니다.

제5절 손해발생

재산상의 손해는 재산 가치에 대한 감소의 위험만으로 족합니다.

사기죄는 성립하려면 넷째로 손해발생이 있어야 합니다.

기망행위로 발생된 취소권 등 구제수단은 포함하지 않습니다.

판례에 따르면 사기죄에서 현실적인 손해는 요건이 아니며 따라서 편취의 대가로 상당한 대가를 지급하였다거나 담보를 제공받았더라도 이를 편취금액에서 공제할 수 없으며, 사기죄의 재산상 이익은 재산적으로 산출할 수 있는 이익에 한하지 않는다고 판단하고 있습니다.

전체재산의 감소가 있었는지 여부는 객관적 기준에 의하여 결정합니다.

피해자에게 법적 구제수단이 있었다고 하여도 손해산정에는 고려되지 않습니다. 말하자면 돈을 빌려 주면서 담보로 취득했더라도 담보권이 손해를 정산하지 못합니다.

처분행위로 인한 급부와 반대급부가 동가치인 경우에 재산상 손해의 여부는 피해자가 의도한 거래의 목적을 고려해서 판단하고 있습니다.

재산의 손해는 계산상으로 증명할 수 있는 재산 감소에 한하지 않습니다. 따라서 재산 감소의 위험만으로도 손해가 발생했다고 볼 수 있습니다.

지불능력 없는 자와 금전대부계약을 체결한 것이나, 지불의사 없는 자와 신용카드 발급계약을 한 경우만으로도 재산상의 손해는 발생하였다고 보는 것입니다.

제6절 인과관계

기망행위와 피기망자(피해자)의 착오 사이에는 인과관계가 있어야 사기죄가 성립합니다.

인과관계가 결여된 경우에는 사기죄의 미수가 됩니다.

기망행위가 착오의 유일한 원인일 것은 요하지 않으므로 피해자의 과실이 결합한 경우에도 인과관계는 부정되지 않습니다.

피해자의 착오와 처분행위 사이에도 인과관계가 있어야 합니다.

따라서 사기죄가 성립하려면 행위자의 기망행위, 피기망자(피해자)의 착오와 그에 따른 처분행위, 그리고 행위자 등의 재물이나 재산상 이익의 취득이 있고, 그 사이에 순차적인 인과관계가 존재하여야 사기죄가 성립합니다.

사기죄는 타인을 기망하여 착오에 빠뜨리고 그 처분행위를 유발하여 재물을 교부받거나 재산상 이익을 얻음으로써 성립하는 것으로서, 기망, 착오, 재산적 처분행위 사이에 인과관계가 있어야 합니다.

어떠한 행위가 타인을 착오에 빠지게 한 기망행위에 해당하는지 및 그러한 기망행위와 재산적 처분행위 사이에 인과관계가 있는지 여부는 거래의 상황, 상대방의 지식, 성격, 경험, 직업 등 행위 당시의 구체적 사정을 고려하여 일반적·객관적으로 판단하여야 합니다.

제2장 사기죄

형법 제347조(사기) 제1항은 "사람을 기망하여 재물의 교부를 받거나 재산상의 이익을 취득한 자는 10년 이하의 징역 또는 2천만 원 이하의 벌금에 처한다" 고 규정하고 있습니다.

제2항 제1항의 방법을 제3자로 하여금 재물의 교부를 받게 하거나 재산상의 이익을 취득하게 한 때에는 전항의 형과 같이 처벌하는 범죄입니다.

컴퓨터 등 사용사기죄는 형법 제347조의2 컴퓨터 등 정보처리장치에 허위의 정보 또는 부정한 명령을 입력하거나 권한 없이 정보를 입력·변경하여 정보처리를 하게 함으로써 재산상의 이익을 취득하거나 제3자로 하여금 취득하게 한 자는 10년 이하의 징역 또는 2,000만 원 이하의 벌금에 처하는 범죄입니다.

이상의 경우에는 형법 제353조에 의하여 모두 10년 이하의 자격정지를 병과할 수 있습니다.

형법 제352조에 의하여 미수범도 처벌합니다.

형법 제351조에 의하여 상습범에 대한 가중처벌 규정도 있습니다.

특정재산범죄의 가중처벌법 제3조 제1항 형법 제347조(사기), 제347조의2(컴퓨터등 사용사기), 죄를 범한 사람은 그 범죄행위로 인하여 취득하거나 제3자로 하여금 취득하게 한 재물 또는 재산상 이익의 가액(이하 이 조에서 "이득 액" 이라 한다)이 5억 원 이상일 때에는 다음 각 호의 구분에 따라 가중처벌 합니다.

1. 이득 액이 50억 원 이상일 때 : 무기 또는 5년 이상의 징역
2. 이득 액이 5억 원 이상 50억 원 미만일 때 : 3년 이상의 유기징역

제2항 제1항의 경우 이득 액 이하에 상당하는 벌금을 병과할 수 있습니다.

그러므로 사기죄는 재산 죄 중 재물죄인 동시에 이익 죄에 해당하고 타의 범죄에 비하여 가중범죄에 해당합니다.

사기죄는 요소적 기망행위가 가장 중요합니다.

사기죄는 거짓말(기망)을 범행 수단으로 하는 범죄이므로 범인이 한 거짓말과 행동 등을 상세하게 재현해 내야합니다.

기망은 널리 거래관계에서 지켜야 할 신의칙에 반하는 행위로서 사람으로 하여금 착오를 일으키게 하는 것을 말합니다.

사기죄가 성립하려면 기망행위가 있어야 합니다.

기망의 수단방법에는 제한이 없습니다. 작위에 의하건 부작위에 의하건, 문서에 의하건 말로 하건 불문하고, 사람을 착오에 빠지게 하는 모든 행위를 말합니다.

사기죄는 기망행위를 범행 수단으로 하는 범죄이므로 범인이 피해자에게 거짓말(기망)을 하고 그 거짓말에 속은 피해자로 하여금 재산적 처분행위를 하게하는 범행입니다.

그러므로 사기죄는 원천적으로 불가능임에도 가능하다고 거짓말한 것이기 때문에 범인이 피해자에게 한 거짓말(기망)이 모두 범행이 됩니다.

사기죄는 타인을 기망하여 착오에 빠뜨리고 그 처분행위를 유발하여 재물을 교부받거나 재산상 이익을 얻음으로써 성립하는 것으로서, 기망, 착오, 재산적 처분행위 사이에 인과관계가 있어야 합니다.

어떠한 행위가 타인을 착오에 빠지게 한 기망행위에 해당하는지 및 그러한 기망행위와 재산적 처분행위 사이에 인과관계가 있는지 여부는 거래의 상황, 상대방의 지식, 성격, 경험, 직업 등 행위 당시의 구체적 사정을 고려하여 일반적·객관적으로 판단합니다.

사기죄가 성립하기 위해서는 기망행위가 있어야 하고 기망행위에 의하여 피해자가 착오에 빠져야 합니다. 원천적으로 불가능함에도 가능한 것이라고 거짓말(기망)에 속이서 허위의 말을 진실이라고 믿었어야 합니다. 착오에 빠진 피해자가 재물을 교부해야 하며, 사기죄는 피해자가 범인에게 재물을 주면 사기죄는 즉시 성립합니다.

그래서 범인에게 돈을 입금할 때 재물 교부의 요건을 갖추게 됩니다.

사기죄로 고소하면 범죄의 유·무는 기망행위와 처분행위(재물의 교부)가 핵심적인 요건이 됩니다. 대부분 처분행위는 재물의 교부는 증빙서류가 제출되기 때문에 수사기관에서는 기망행위 여부에 대해서 조사가 집중될 수밖에 없습니다.

사기죄로 고소를 하려면 먼저 피해자가 착오를 일으킬 수 있는 기망(거짓말) 행위, 피해자의 착오를 일컨는 행위, 피해자가 재산 또는 재산상 이익을 처분한 행위, 속이는 기망행위와 처분행위 사이의 인과관계가 있어야 사기죄가 성립합니다.

제1절 사기죄 사례

1. 동업자금을 속여 사업자금보다 훨씬 많은 돈을 받고 그 차액을 편취한 경우

가, 사례

피고소인 ○○○은 경기도 안산시 단원구 ○○로 ○○길 ○○○, 에 있는 주방용품 제조공장을 고소인과 공동으로 동업하기로 하고, 사업에 필요한 물품매매대금이라며 3,000만 원을 받아냈습니다.

그런데 실제로 물품매매에 필요한 자금은 700만 원에 불과하였습니다.

피고소인은 위 금액 중 700만 원은 사업에 필요한 물품매매에 썼지만 나머지 2,300만 원은 피고소인이 개인 잡비로 소비하였습니다.

나, 판단

피고소인 ○○○의 행위는 고소인에게 사업자금을 허위로 과대 조장하여 금액을 교부받았고, 실제 매매대금과의 차액을 편취한 것으로 요약할 수 있습니다.

피고소인의 행위는 고소인에게 거짓말(기망)을 하여 고소인을 착오에 빠뜨려 재물을 교부받아 편취한 것이므로 형법 제347조 제1항 사기죄로 의율하는 것이 타당하다 할 것입니다.

다, 진정서

위 사안에 대한 진정서은 다음과 같이 작성하시면 됩니다.

진   정   서

진 정 인 : ○   ○   ○

피 진 정 인 : ○   ○   ○

경기도 안산 단원경찰서장 귀중

진 정 서

1. 진 정 인

성 명	○ ○ ○	주민등록번호	생략
주 소	경기도 안산시 단원구 화랑로 ○○, ○○○호		
직 업	개인사업 / 사무실 주 소	생략	
전 화	(휴대폰) 010 - 9812 - 0000		
대리인에 의한 진 정	□ 법정대리인 (성명 : ,　　　　연락처　　　　) □ 진정대리인 (성명 : 변호사,　　연락처　　　　)		

2. 피진정인

성 명	○ ○ ○	주민등록번호	생략
주 소	경기도 안산시 단원구 ○○로길 ○○○,		
직 업	개인사업 / 사무실 주 소	생략	
전 화	(휴대폰) 010 - 4588 - 0000		
기타사항	진정인과의 관계 - 친·인척 관계없습니다.		

3. 진정취지

진정인은 피진정인을 형법 제347조 제1항 사기혐의로 진정하오니 철저히 수사하여 피진정인이 법에 준엄함을 절실히 깨달을 있도록 엄벌에 처하여 주시기 바랍니다.

4. 진정원인

(1) 당사자 관계

○ 진정인은 주소지에 거주하면서 경기도 안산시 단원구 ○○로 ○○길 ○○○,에 있는 주방용품 제조공장을 피진정인과 공동으로 동업하고 있습니다.

(2) 적용법조

○ 형법 제347조 제1항 사기죄

사람을 기망하여 재물의 교부를 받거나 재산상의 이익을 취득한 자는 10년 이하의 징역 또는 2,000만 원 이하의 벌금에 처하는 범죄입니다.

(3) 범죄사실

○ 진정인은 ○○○○. ○○. ○○.피진정인의 제의에 의하여 경기도 안산시 단원구 ○○로 ○○길 ○○○,에 있는 주방용품 제조공장을 공동으로 동업하는 계약을 체결하고 ○○○○. ○○. ○○.부터 피진정인과 동업을 하였습니다.

○ 그런데 피진정인은 ○○○○. ○○. ○○. 진정인에게 매매대금으로 3 ,000만 원을 똑 같이 갹출하는 것이라며 청구하여 피진정인에게 지급하였습니다.

○ 후일 거래처로부터 우연히 진정인이 확인한 바에 의하면 피진정인

은 공동으로 매매대금을 갹출하지 않았고 진정인에게 교부받은 위 3,000만 원에서도 거래처에게 700만 원을 지급하고 나머지 2,300만 원을 피진정인이 개인 잡비로 소비하였습니다.

(4) 사기죄 성립

○ 피진정인의 기망행위는 진정인에게 사업자금을 허위로 과대 조장하여 금액을 교부받았고, 실제 매매대금과의 차액을 편취한 것으로 요약할 수 있습니다.

○ 피진정인의 행위는 진정인에게 거짓말을 하여 착오에 빠진 진정인으로 하여금 재물을 교부받아 편취한 것이므로 형법 제347조 제1항 사기죄로 의율하는 것이 타당하다 할 것입니다.

(5) 결론

이에 진정인은 피진정인을 형법 제347조 제1항 사기혐의로 진정하오니 철저히 수사하여 법에 준엄함을 깨달을 수 있도록 엄벌에 처하여 주시기 바랍니다.

5. 증거자료

□ 진정인은 진정인의 진술 외에 제출할 증거가 없습니다.
■ 진정인은 진정인의 진술 외에 제출할 증거가 있습니다.
　☞ 제출할 증거의 세부내역은 별지를 작성하여 첨부합니다.

6. 관련사건의 수사 및 재판 여부

① 중복 신고여부	본 진정서와 같은 내용의 진정서 또는 고소장을 다른 검찰청 또는 경찰서에 제출하거나 제출하였던 사실이 있습니다□/없습니다 ■
② 관련 형사사건 수사 유무	본 진정서에 기재된 범죄사실과 관련된 사건 또는 공범에 대하여 검찰청이나 경찰서에서 수사 중에 있습니다 □/수사 중에 있지 않습니다 ■
③ 관련 민사소송 유무	본 진정서에 기재된 범죄사실과 관련된 사건에 대하여 법원에서 민사소송 중에 있습니다 □/민사소송 중에 있지 않습니다 ■

7. 기타

본 진정서에 기재한 내용은 진정인이 알고 있는 지식과 경험을 바탕으로 모두 사실대로 작성하였습니다.

○○○○ 년 ○○ 월 ○○ 일

위 진정인 : ○   ○   ○   (인)

경기도 안산 단원경찰서장 귀중

별지 : 증거자료 세부 목록

(범죄사실 입증을 위해 제출하려는 증거에 대하여 아래 각 증거별로
해당 난을 구체적으로 작성해 주시기 바랍니다)

1.인적증거 (목격자, 기타 참고인 등)

성 명	○ ○ ○	주민등록번호	생략	
주 소	자택 : ○○시 ○○구 ○○로 ○○, 직장 :		직업	상업
전 화	(휴대폰) 010 - 4998 - 0000			
입증하려는 내 용	위 ○○○은 진정인과 피진정인이 동업하는 거래처에 경리 담당 직원으로서 피진정인으로부터 3,000만 원이 아닌 700만 원을 교부 받은 사실에 대하여 자세히 알고 있어 이를 입증하고자 합니다.			

2.증거서류(진술서, 차용증, 각서, 진단서 등)

순번	증 거	작성자	제출 유무
1	3,000만 원 지급영수증	피진정인	■ 접수시 제출 □ 수사 중 제출
2	거래처 진술서	진정인	■ 접수시 제출 □ 수사 중 제출
3			□ 접수시 제출 □ 수사 중 제출
4			□ 접수시 제출 □ 수사 중 제출
5			□ 접수시 제출 □ 수사 중 제출

3.증거물

순번	증 거	작성자	제출 유무
1	영수증	진정인	■ 접수시 제출 □ 수사 중 제출
2	진술서	진정인	■ 접수시 제출 □ 수사 중 제출
3			□ 접수시 제출 □ 수사 중 제출
4			□ 접수시 제출 □ 수사 중 제출
5			□ 접수시 제출 □ 수사 중 제출

4.기타 증거

필요에 따라 수시 제출하겠습니다.

라, 고소장

위 사안에 대한 고소장은 다음과 같이 작성하시면 됩니다.

고   소   장

고 소 인 : ○   ○   ○

피 고 소 인 : ○   ○   ○

경기도 안산 단원경찰서장 귀중

고 소 장

1. 고 소 인

성 명	○ ○ ○		주민등록번호	생략
주 소	경기도 안산시 단원구 화랑로 ○○, ○○○호			
직 업	개인사업	사무실 주 소	생략	
전 화	(휴대폰) 010 - 9812 - 0000			
대리인에 의한 고 소	☐ 법정대리인 (성명 : , 연락처) ☐ 고소대리인 (성명 : 변호사, 연락처)			

2. 피고소인

성 명	○ ○ ○		주민등록번호	생략
주 소	경기도 안산시 단원구 ○○로길 ○○○,			
직 업	개인사업	사무실 주 소	생략	
전 화	(휴대폰) 010 - 4588 - 0000			
기타사항	고소인과의 관계 - 친·인척 관계없습니다.			

3. 고소취지

고소인은 피고소인을 형법 제347조 제1항 사기혐의로 고소하오니 철저히 수사하여 피고소인이 법에 준엄함을 절실히 깨달을 있도록 엄벌에 처하여 주시기 바랍니다.

4. 범죄사실

(1) 당사자 관계

○ 고소인은 주소지에 거주하면서 경기도 안산시 단원구 ○○로 ○○길 ○○○,에 있는 주방용품 제조공장을 피고소인과 공동으로 동업하고 있습니다.

(2) 적용법조

○ 형법 제347조 제1항 사기죄

사람을 기망하여 재물의 교부를 받거나 재산상의 이익을 취득한 자는 10년 이하의 징역 또는 2,000만 원 이하의 벌금에 처하는 범죄입니다.

(3) 고소사실

○ 고소인은 ○○○○. ○○. ○○.피고소인의 제의에 의하여 경기도 안산시 단원구 ○○로 ○○길 ○○○,에 있는 주방용품 제조공장을 공동으로 동업하는 계약을 체결하고 ○○○○. ○○. ○○.부터 피고소인과 동업을 하였습니다.

○ 그런데 피고소인은 ○○○○. ○○. ○○. 고소인에게 매매대금으로 3,000만 원을 똑 같이 갹출하는 것이라며 청구하여 피고소인에게 지급하였습니다.

○ 후일 거래처로부터 우연히 고소인이 확인한 바에 의하면 피고소인은

공동으로 매매대금을 갹출하지 않았고 고소인에게 교부받은 위 3,000만 원에서도 거래처에게 700만 원을 지급하고 나머지 2,300만 원을 피고소인이 개인 잡비로 소비하였습니다.

(4) 사기죄 성립

○ 피고소인의 기망행위는 고소인에게 사업자금을 허위로 과대 조장하여 금액을 교부받았고, 실제 매매대금과의 차액을 편취한 것으로 요약할 수 있습니다.

○ 피고소인의 행위는 고소인에게 거짓말을 하여 착오에 빠진 고소인으로 하여금 재물을 교부받아 편취한 것이므로 형법 제347조 제1항 사기죄로 의율하는 것이 타당하다 할 것입니다.

(5) 결론

이에 고소인은 피고소인을 형법 제347조 제1항 사기혐의로 진정하오니 철저히 수사하여 법에 준엄함을 깨달을 수 있도록 엄벌에 처하여 주시기 바랍니다.

5. 증거자료

□ 고소인은 고소인의 진술 외에 제출할 증거가 없습니다.
■ 고소인은 고소인의 진술 외에 제출할 증거가 있습니다.
  ☞ 제출할 증거의 세부내역은 별지를 작성하여 첨부합니다.

6. 관련사건의 수사 및 재판 여부

① 중복 신고여부	본 고소장과 같은 내용의 진정서 또는 고소장을 다른 검찰청 또는 경찰서에 제출하거나 제출하였던 사실이 있습니다□/없습니다 ■
② 관련 형사사건 수사 유무	본 고소장에 기재된 범죄사실과 관련된 사건 또는 공범에 대하여 검찰청이나 경찰서에서 수사 중에 있습니다 □/수사 중에 있지 않습니다 ■
③ 관련 민사소송 유무	본 진고소장에 기재된 범죄사실과 관련된 사건에 대하여 법원에서 민사소송 중에 있습니다 □/민사소송 중에 있지 않습니다 ■

7. 기타

본 고소장에 기재한 내용은 고소인이 알고 있는 지식과 경험을 바탕으로 모두 사실대로 작성하였으며, 만일 허위사실을 고소하였을 때에는 형법 제156조 무고죄로 처벌받을 것임을 아울러 서약합니다.

○○○○ 년 ○○ 월 ○○ 일

위 고소인 : ○　○　○　(인)

경기도 안산 단원경찰서장 귀중

별지 : 증거자료 세부 목록

　　　(범죄사실 입증을 위해 제출하려는 증거에 대하여 아래 각 증거별로
　　　해당 난을 구체적으로 작성해 주시기 바랍니다)

1.인적증거 (목격자, 기타 참고인 등)

성　　명	○ ○ ○	주민등록번호	생략	
주　　소	자택 : ○○시 ○○구 ○○로 ○○, 직장 :		직업	상업
전　　화	(휴대폰) 010 - 4998 - 0000			
입증하려는 내　　용	위 ○○○은 고소인과 피고소인이 동업하는 거래처에 경리 담당 직원으로서 피고소인으로부터 3,000만 원이 아닌 700만 원을 교부 받은 사실에 대하여 자세히 알고 있어 이를 입증하고자 합니다.			

2.증거서류(진술서, 차용증, 각서, 진단서 등)

순번	증　　거	작성자	제출 유무
1	3,000만 원 지급영수증	피고소인	■ 접수시 제출　□ 수사 중 제출
2	거래처 진술서	진정인	■ 접수시 제출　□ 수사 중 제출
3			□ 접수시 제출　□ 수사 중 제출
4			□ 접수시 제출　□ 수사 중 제출
5			□ 접수시 제출　□ 수사 중 제출

3.증거물

순번	증　　거	작성자	제출 유무
1	영수증	진정인	■ 접수시 제출　□ 수사 중 제출
2	진술서	진정인	■ 접수시 제출　□ 수사 중 제출
3			□ 접수시 제출　□ 수사 중 제출
4			□ 접수시 제출　□ 수사 중 제출
5			□ 접수시 제출　□ 수사 중 제출

4.기타 증거

　　필요에 따라 수시 제출하겠습니다.

제2절 사기죄 사례

2. 주택조합에서 시행하는 건축공사를 맡았다고 속이고 공사 알선비를 교부받아 편취한 경우

가, 사례

고소인은 건축업을 하는 피고소인에게 건축자재를 공급했지만 그 대금을 제대로 받지 못해 약 2,500만 원의 손해를 보고 있었습니다.

고소인은 수차에 찾아가 위 2,500만 원의 지급을 요구하자 피고소인은 전라남도 나주시 ○○로 ○○,일대에 건립할 주택조합으로부터 아파트 내 조적공사를 하나 맡았는데 공사금만 해도 5억 원이 된다고 거짓말을 하며, 그 공사를 도급해 줄 테니 알선비용을 달라고 하여 알선비조로 1,500만 원을 받았습니다.

나, 판단

앞서 판매한 미수금의 지급을 요구하자 이번에 주택조합에서 공사를 맡았는데 공사금만 해도 무려 5억 원이 된다는 거짓말로 한꺼번에 지급하겠다며 알선비를 달라고 해서 편취한 것으로 요약할 수 있습니다.

판매대금을 지급하지 않은 것도 있긴 하지만 피고소인의 위 행위는 사회통념상 권리행사로서 인정할 수 없는 것이어서 사기죄가 성립한다고 할 수 있습니다.

다, 진정서

위 사안에 대한 진정서는 다음과 같이 작성하시면 됩니다.

진   정   서

진 정 인 :   ○   ○   ○

피 진 정 인 :   ○   ○   ○

전남 나주경찰서장 귀중

진 정 서

1. 진 정 인

성 명	○ ○ ○	주민등록번호		생략
주 소	광주광역시 ○○구 ○○로 ○○길 ○○.			
직 업	개인사업	사무실 주 소	생략	
전 화	(휴대폰) 010 - 1345 - 0000			
대리인에 의한 진 정	□ 법정대리인 (성명 : , 연락처) □ 진정대리인 (성명 : 변호사, 연락처)			

2. 피진정인

성 명	○ ○ ○	주민등록번호		생략
주 소	전라남도 나주시 ○○로○○길 ○○○, ○○○호			
직 업	무지	사무실 주 소	생략	
전 화	(휴대폰) 010 - 9919 - 0000			
기타사항	진정인과의 관계 - 친·인척 관계없습니다.			

3. 진정취지

진정인은 피진정인을 형법 제347조 제1항 사기혐의로 진정하오니 철저히
수사하여 피진정인이 법에 준엄함을 절실히 깨달을 있도록 엄벌에 처하여
주시기 바랍니다.

4. 진정원인

(1) 당사자 관계

○ 진정인은 주소지에서 건축자재 등을 판매하는 개인 사업자이며, 피진정인은 일정한 직업이 없고 이 사건 이전에 건축공사 업을 하다가 부도난 것으로만 알고 있고 진정인도 그 무렵 피진정인에게 판매한 대금 2,500여만 원을 지급받지 못하고 있습니다.

(2) 적용법조

○ 형법 제347조 제1항 사기죄

사람을 기망하여 재물의 교부를 받거나 재산상의 이익을 취득한 자는 10년 이하의 징역 또는 2,000만 원 이하의 벌금에 처하는 범죄입니다.

(3) 범죄사실

○ 진정인은 ○○○○. ○○. ○○.부터 ○○○○. ○○. ○○.까지 피진정인에게 진정인이 취급하는 건축자재를 공급하여 판매하였으나 2,500여만 원을 지급받지 못하여 수차에 걸쳐 독촉한 사실이 있었는데 피진정인이 ○○○○. ○○. ○○. 진정인에게 찾아와 내가 이번에 전라남도 나주시 ○○로 소재 ○○주택조합에서 건립하는 공사를 하나 맡았는데 그 공사금만 해도 무려 5억 원이 넘는데 진정인에게 앞에 지급하지 못한 돈까지 한꺼번에 도급해서 주겠다며 알선비를 1,500만 원 달라고 하여 진정인이 이를 사실로 믿고 ○○○○. ○○. ○○. 금 1,500만 원을 교부했습니다.

○ 그런데 피진정인이 약속한 날짜가 훨씬 지나도록 아무런 연락이 없어서 이상하게 생각하고 피진정인이 공사를 맡았다는 전라남도 나주시 ○○로 ○○, 일대 ○○주택조합을 찾아갔는데 ○○주택조합이라는 시행사업체는 존재하지도 않았고, 피진정인이 거론한 사업부지 일대는 절대농지로 건축허가자체가 불가능한 것으로 확인하였습니다.

○ 그렇다면 피진정인은 원천적으로 불가능함에도 가능한 것으로 진정인에게 있지도 않은 건축공사를 맡은 것으로 거짓말을 하여 이에 속은 진정인으로부터 알선비조로 1,500만 원을 교부받아 편취하였습니다.

(4) 사기죄 성립

○ 피진정인의 기망행위는 주택조합에서 공사를 맡았고, 공사금만 해도 무려 5억 원이 된다, 한꺼번에 지급하겠다고 거짓말을 하여 알선비를 달라고 해서 편취한 것으로 요약할 수 있습니다.

○ 피진정인의 위 행위는 원천적으로 건축허가가 불가능한 것임에도 마치 공사를 맡은 것으로 진정인에게 거짓말을 하였습니다.

○ 위 기망행위에 의하여 착오에 빠진 진정인으로 하여금 알선비 명목으로 1,500만 원을 교부받아 편취한 것이므로 형법 제347조 제1항 사기죄로 의율하는 것이 타당하다 할 것입니다.

(5) 결론

이에 진정인은 피진정인을 형법 제347조 제1항 사기혐의로 진정하오니 철저히 수사하여 법에 준엄함을 깨달을 수 있도록 엄벌에 처하여 주시기 바랍니다.

5.증거자료

□ 진정인은 진정인의 진술 외에 제출할 증거가 없습니다.

■ 진정인은 진정인의 진술 외에 제출할 증거가 있습니다.

    ☞ 제출할 증거의 세부내역은 별지를 작성하여 첨부합니다.

6.관련사건의 수사 및 재판 여부

① 중복 신고여부	본 진정서와 같은 내용의 진정서 또는 고소장을 다른 검찰청 또는 경찰서에 제출하거나 제출하였던 사실이 있습니다□/없습니다 ■
② 관련 형사사건 수사 유무	본 진정서에 기재된 범죄사실과 관련된 사건 또는 공범에 대하여 검찰청이나 경찰서에서 수사 중에 있습니다 □/수사 중에 있지 않습니다 ■
③ 관련 민사소송 유무	본 진정서에 기재된 범죄사실과 관련된 사건에 대하여 법원에서 민사소송 중에 있습니다 □/민사소송 중에 있지 않습니다 ■

7.기타

본 진정서에 기재한 내용은 진정인이 알고 있는 지식과 경험을 바탕으로 모두 사실대로 작성하였습니다.

○○○○ 년 ○○ 월 ○○ 일

위 진정인 : ○ ○ ○ (인)

전남 나주경찰서장 귀중

별지 : 증거자료 세부 목록

　　　(범죄사실 입증을 위해 제출하려는 증거에 대하여 아래 각 증거별로
　　　해당 난을 구체적으로 작성해 주시기 바랍니다)

1.인적증거 (목격자, 기타 참고인 등)

성　　명	○ ○ ○	주민등록번호		생략	
주　　소	자택 : ○○시 ○○구 ○○로 ○○, 직장 :		직업	상업	
전　　화	(휴대폰) 010 - 4998 - 0000				
입증하려는 내　용	위 ○○○은 피진정인이 진정인에게 찾아와 공사를 맡았는데 도급을 하여 지급하겠다며 알선비를 요구하고 교부받는 것을 입회하여 확인하였으므로 이를 입증하고자 합니다.				

2.증거서류(진술서, 차용증, 각서, 진단서 등)

순번	증　　거	작성자	제출 유무
1	알선비 지급확인서	피진정인	■ 접수시 제출　□ 수사 중 제출
2	진술서	진정인	■ 접수시 제출　□ 수사 중 제출
3			□ 접수시 제출　□ 수사 중 제출
4			□ 접수시 제출　□ 수사 중 제출
5			□ 접수시 제출　□ 수사 중 제출

3.증거물

순번	증　　거	작성자	제출 유무
1	확인서	진정인	■ 접수시 제출　□ 수사 중 제출
2	진술서	진정인	■ 접수시 제출　□ 수사 중 제출
3			□ 접수시 제출　□ 수사 중 제출
4			□ 접수시 제출　□ 수사 중 제출
5			□ 접수시 제출　□ 수사 중 제출

4.기타 증거

　　필요에 따라 수시 제출하겠습니다.

라, 고소장

위 사안에 대한 고소장은 다음과 같이 작성하시면 됩니다.

고   소   장

고 소 인 : ○   ○   ○

피 고 소 인 : ○   ○   ○

전남 나주경찰서장 귀중

고 소 장

1. 고 소 인

성 명	○ ○ ○	주민등록번호		생략
주 소	광주광역시 ○○구 ○○로 ○○길 ○○.			
직 업	개인사업	사무실 주 소	생략	
전 화	(휴대폰) 010 - 1345 - 0000			
대리인에 의한 고 소	□ 법정대리인 (성명 : , 연락처) □ 고소대리인 (성명 : 변호사, 연락처)			

2. 피고소인

성 명	○ ○ ○	주민등록번호		생략
주 소	전라남도 나주시 ○○로○○길 ○○○, ○○○호			
직 업	무지	사무실 주 소	생략	
전 화	(휴대폰) 010 - 9919 - 0000			
기타사항	고소인과의 관계 - 친·인척 관계없습니다.			

3. 고소취지

고소인은 피고소인을 형법 제347조 제1항 사기혐의로 고소하오니 철저히
수사하여 피고소인이 법에 준엄함을 절실히 깨달을 있도록 엄벌에 처하여
주시기 바랍니다.

4. 범죄사실

(1) 당사자 관계

○ 고소인은 주소지에서 건축자재 등을 판매하는 개인 사업자이며, 피고소인은 일정한 직업이 없고 이 사건 이전에 건축공사 업을 하다가 부도난 것으로만 알고 있고 고소인도 그 무렵 피고소인에게 판매한 대금 2,500여만 원을 지급받지 못하고 있습니다.

(2) 적용법조

○ 형법 제347조 제1항 사기죄

사람을 기망하여 재물의 교부를 받거나 재산상의 이익을 취득한 자는 10년 이하의 징역 또는 2,000만 원 이하의 벌금에 처하는 범죄입니다.

(3) 고소사실

○ 고소인은 ○○○○. ○○. ○○.부터 ○○○○. ○○. ○○.까지 피고소인에게 고소인이 취급하는 건축자재를 공급하여 판매하였으나 2,500여만 원을 지급받지 못하여 수차에 걸쳐 독촉한 사실이 있었는데 피고소인이 ○○○○. ○○. ○○. 고소인에게 찾아와 내가 이번에 전라남도 나주시 ○○로 소재 ○○주택조합에서 건립하는 공사를 하나 맡았는데 그 공사금만 해도 무려 5억 원이 넘는데 고소인에게 앞에 지급하지 못한 돈까지 한꺼번에 도급해서 주겠다며 알선비를 1,50 0만 원 달라고 하여 고소인이 이를 사실로 믿고 ○○○○. ○○. ○○. 금 1,500만 원을 교부했습니다.

○ 그런데 피고소인이 약속한 날짜가 훨씬 지나도록 아무런 연락이 없어서 이상하게 생각하고 피고소인이 공사를 맡았다는 전라남도 나주시 ○○로 ○○, 일대 ○○주택조합을 찾아갔는데 ○○주택조합이라는 시행사업체는 존재하지도 않았고, 피고소인이 거론한 사업부지 일대는 절대농지로 건축허가자체가 불가능한 것으로 확인하였습니다.

○ 그렇다면 피고소인은 원천적으로 불가능함에도 가능한 것으로 고소인에게 있지도 않은 건축공사를 맡은 것으로 거짓말을 하여 이에 속은 고소인으로부터 알선비조로 1,500만 원을 교부받아 편취하였습니다.

(4) 사기죄 성립

○ 피고소인의 기망행위는 주택조합에서 공사를 맡았고, 공사금만 해도 무려 5억 원이 된다, 한꺼번에 지급하겠다고 거짓말을 하여 알선비를 달라고 해서 편취한 것으로 요약할 수 있습니다.

○ 피고소인의 위 행위는 원천적으로 건축허가가 불가능한 것임에도 마치 공사를 맡은 것으로 고소인에게 거짓말을 하였습니다.

○ 위 기망행위에 의하여 착오에 빠진 고소인으로 하여금 알선비 명목으로 1,500만 원을 교부받아 편취한 것이므로 형법 제347조 제1항 사기죄로 의율하는 것이 타당하다 할 것입니다.

(5) 결론

이에 고소인은 피고소인을 형법 제347조 제1항 사기혐의로 고소하오니 철저히 수사하여 법에 준엄함을 깨달을 수 있도록 엄벌에 처하여 주시기 바랍니다.

5. 증거자료

□ 고소인은 고소인의 진술 외에 제출할 증거가 없습니다.

■ 고소인은 고소인의 진술 외에 제출할 증거가 있습니다.

☞ 제출할 증거의 세부내역은 별지를 작성하여 첨부합니다.

6. 관련사건의 수사 및 재판 여부

① 중복 신고여부	본 고소장과 같은 내용의 진정서 또는 고소장을 다른 검찰청 또는 경찰서에 제출하거나 제출하였던 사실이 있습니다□/없습니다 ■
② 관련 형사사건 수사 유무	본 고소장에 기재된 범죄사실과 관련된 사건 또는 공범에 대하여 검찰청이나 경찰서에서 수사 중에 있습니다 □/수사 중에 있지 않습니다 ■
③ 관련 민사소송 유무	본 진고소장에 기재된 범죄사실과 관련된 사건에 대하여 법원에서 민사소송 중에 있습니다 □/민사소송 중에 있지 않습니다 ■

7. 기타

본 고소장에 기재한 내용은 고소인이 알고 있는 지식과 경험을 바탕으로 모두 사실대로 작성하였으며, 만일 허위사실을 고소하였을 때에는 형법 제156조 무고죄로 처벌받을 것임을 아울러 서약합니다.

○○○○ 년 ○○ 월 ○○ 일

위 고소인 : ○   ○   ○   (인)

전남 나주경찰서장 귀중

별지 : 증거자료 세부 목록

　　　(범죄사실 입증을 위해 제출하려는 증거에 대하여 아래 각 증거별로
　　　해당 난을 구체적으로 작성해 주시기 바랍니다)

1.인적증거 (목격자, 기타 참고인 등)

성 명	○ ○ ○	주민등록번호	생략	
주 소	자택 : ○○시 ○○구 ○○로 ○○, 직장 :		직업	상업
전 화	(휴대폰) 010 - 4998 - 0000			
입증하려는 내 용	위 ○○○은 피고소인이 고소인에게 찾아와 공사를 맡았는데 도급을 하여 지급하겠다며 알선비를 요구하고 교부받는 것을 입회하여 확인하였으므로 이를 입증하고자 합니다.			

2.증거서류(진술서, 차용증, 각서, 진단서 등)

순번	증 거	작성자	제출 유무
1	알선비 지급확인서	피고소인	■ 접수시 제출　□ 수사 중 제출
2	진술서	고소인	■ 접수시 제출　□ 수사 중 제출
3			□ 접수시 제출　□ 수사 중 제출
4			□ 접수시 제출　□ 수사 중 제출
5			□ 접수시 제출　□ 수사 중 제출

3.증거물

순번	증 거	작성자	제출 유무
1	확인서	고소인	■ 접수시 제출　□ 수사 중 제출
2	진술서	고소인	■ 접수시 제출　□ 수사 중 제출
3			□ 접수시 제출　□ 수사 중 제출
4			□ 접수시 제출　□ 수사 중 제출
5			□ 접수시 제출　□ 수사 중 제출

4.기타 증거

　필요에 따라 수시 제출하겠습니다.

제3장 차용사기

형법 제347조(사기) 제1항은 "사람을 기망하여 재물의 교부를 받거나 재산상의 이익을 취득한 자는 10년 이하의 징역 또는 2천만 원 이하의 벌금에 처한다" 고 규정하고 있습니다.

사기죄는 요소적 기망행위가 가장 중요합니다.

사기죄는 거짓말(기망)을 범행 수단으로 하는 범죄이므로 범인이 한 거짓말과 행동 등을 상세하게 재현해 내야합니다.

기망은 널리 거래관계에서 지켜야 할 신의칙에 반하는 행위로서 사람으로 하여금 착오를 일으키게 하는 것을 말합니다.

사기죄가 성립하려면 기망행위가 있어야 합니다.

기망의 수단방법에는 제한이 없습니다. 작위에 의하건 부작위에 의하건, 문서에 의하건 말로 하건 불문하고, 사람을 착오에 빠지게 하는 모든 행위를 말합니다.

사기죄는 기망행위를 범행 수단으로 하는 범죄이므로 범인이 피해자에게 거짓말(기망)을 하고 그 거짓말에 속은 피해자로 하여금 재산적 처분행위를 하게하는 범행입니다.

돈을 갚을 의사가 없는 상태에서 타인으로부터 돈을 빌려 이를 편취한 경우를 실무상 이를 「차용사기」 또는 「차용금 사기」라고 부릅니다.

차용사기 중 차용 당시 적극적, 명시적으로 허위의 기망수단 말하자면 (1) 적극적으로 변제자력(다음 달 적금만기)이나 (2) 차용금 용도(아들의 치료비 또는 공사대금으로 사용)에 관하여 허위의 사실을 고지한 경우를 사용한 경우는 특별한 경우를 제외하고는 사기죄를 유죄로 인정함에는 크게 무리가 없습니다.

대법원은 사기죄의 주관적 구성요건인 편취의 범의는 피고인이 자백하지 않는 이상 범행 전후의 피고인의 재력, 환경, 범행의 내용, 거래의 이행과정, 피해자와의 관계 등 객관적인 사정을 종합하여 판단하여야 한다고 그 구별기준을 제기하고 있습니다.

피고소인이 돈을 빌릴 당시를 전후하여 변제할 능력이 있었는지 여부가 편취의 범의를 판단하는 중요한 기준으로 작용하고 있고, 이는 공소사실 및 범죄사실에서는 물론 대법원 판결에서도 인용되고 있는 '변제할 의사나 능력 없이' 라는 관용표현을 통해서도 드러나고 있는 것입니다.

그러므로 차용사기의 성립여부는 차용 당시를 기준으로 판단하여야 하고 「차용 당시 변제할 의사와 능력이 있었다면」 그 후 변제하지 못하더라도 민사상 채무불이행에 불과합니다.

변제의사 또는 능력이 없으면 사기죄가 성립한다는 표현은 논리적으로 변제의사 또는 능력이 있어야 사기죄가 성립하지 않는다는 표현과 일치하므로 사기죄가 고의범인데도 불구하고「변제의사가 있더라도 변제능력이 없으면 사기죄가 성립한다.」는 결론에 이르게 됩니다.

변제의사와 변제능력을 거의 동일시하는 표현을 사용하는 것은 피의자의 진술, 기타 증거들에 의하여 차용 당시 피의자의 자력 즉 적극적 재산과 소극적 재산의 규모를 얼추 산정한 후, (1) 채무초과 상태 (2) 변제능력 없음 (3) 변제능력 없음으로 추정함으로써 차용사기에 있어서의 편취의 고의를 판단하는 것입니다.

차용사기에 있어서 변제능력의 유무를 판단하기 위해서는 범행을 전후한 시점의 피의자의 재산관계는 물론 신용도, 장차 기대수입, 사업의 성공가능성 등 변제 자력과 관련된 모든 정황에 대한 판단이 선행되어야 하는데, 그 중 피의자의 채무초과 상태였다는 사실은 변제

능력을 판단하기 위한 하나의 중요한 단서에 불과하지 그로부터 변제
능력이 없었다는 사실을 바로 인정되는 것은 아닙니다.

    대부분 차용사기로 고소하면 피고소인들은 부인하고 나오므로
고소인으로서는 피고소인에 대한 돈을 빌릴 당시를 전후로 하여 재산
관계, 채무초과상태를 입증하면 가장 용이할 것입니다.

제1절 차용사기 사례

1. 가정주부로 남편의 월수입 220만 원 이외에 별다른 수입이 없고 개인적으로도 많은 부채를 부담하고 있어 매월 170만 원의 이자를 지급할 의사와 능력이 없으면서 돈을 빌려 편취한 경우

가. 사례

피고소인은 가정주부인 바, 남편은 모 아파트 경비원으로 근무하고 얻는 월수입은 약 220만 원 이외의 별다른 수입이 없고, 피고소인도 24시 편의점을 운영하다 수많은 부채를 개인적으로 부담하고 있거 그 이자를 매월 170만 원 이상 지급할 형편이어서 고소인으로부터 돈을 빌리더라도 이를 변제할 의사나 능력이 없음에도

○○○○. ○○. ○○. 14:20경 전라남도 해남군 해남읍 ○○○로 길 ○○, 고소인이 집에서 금 5,500만 원을 차용하여 주면 매월 170만 원씩 이자를 지급하고 3개월 후에 갚겠다고 거짓말을 하여 이에 속은 고소인으로부터 즉석에서 차용금 명목으로 금 5,500만 원을 교부받아 이를 편취한 것입니다.

나. 판단

피고소인의 행위는 돈을 빌릴 당시를 전후하여 별다른 재산이나 수입이 없었고, 수많은 사람들에게 개인적으로도 부채를 부담하고 있어 채무초과상태에 이르러 고소인으로부터 돈을 빌리더라도 변제할 의사와 능력이 없으면서 매월 170만 원씩 이자를 지급하고 3개월 안에 변제하겠다고 거짓말을 하여 이에 속은 고소인으로부터 차용금 명목으로 돈을 빌려 편취한 것으로 요약할 수 있습니다.

피고소인의 위와 같은 기망행위는 고소인에게 거짓말(기망)을 하

여 고소인을 착오에 빠뜨려 재물을 교부받아 편취한 것이므로 형법 제347조 제1항 사기죄로 의율하는 것이 타당하다 할 것입니다.

다, 진정서

위 사안에 대한 진정서는 다음과 같이 작성하시면 됩니다.

진   정   서

진 정 인 :   ○   ○   ○

피 진 정 인 :   ○   ○   ○

전라남도 해남경찰서장 귀중

진 　 정 　 서

1. 진 정 인

성　　명	○ ○ ○	주민등록번호	생략
주　　소	전라남도 해남군 해남읍 ○○로 ○○, ○○○호		
직　　업	생략	사무실 주　소	생략
전　　화	(휴대폰) 010 - 9843 - 0000		
대리인에 의한 진　　정	☐ 법정대리인 (성명 : 　　 , 　　 연락처 　　) ☐ 진정대리인 (성명 : 변호사, 　　 연락처 　　)		

2. 피 진 정 인

성　　명	○ ○ ○	주민등록번호	생략
주　　소	전라남도 해남군 ○○면 ○○로길 ○○, ○○○호		
직　　업	주부	사무실 주　소	생략
전　　화	(휴대폰) 010 - 9877 - 0000		
기타사항	진정인과의 관계 - 친·인척관계 없습니다.		

3. 진 정 취 지

진정인은 피진정인에 관하여 다음과 같이 형법 제347조 제1항 사기혐의로 진정하오니 법에 준엄함을 깨달을 수 있도록 철저히 수사하여 엄벌에 처해 주시기 바랍니다.

4. 진정원인

(1) 당사자 관계

진정인은 주소지에 거주하면서 주소지 인근에서 ○○이라는 상호로 지물포를 운영하고 있고, 피진정인은 주소지에 거주하며 직업은 없고 가정주부입니다.

(2) 금전대여의 경위

가. 진정인은 ○○○○. ○○○. ○○. 14:20경 피진정인이 찾아와 남편이 사업을 하는데 금 5,500만 원을 빌려주면 이자는 매월 170만 원을 지급하고 석 달만 사용하고 변제하겠다고 하여 이를 믿고 위 금원을 대여하고 피진정인이 자필로 작성한 차용증을 교부 받은 바 있습니다

나. 피진정인은 변제기일이 지나 다시 진정인에게 ○○○○. ○○. ○○. 17:00경 찾아와 변제가 조금 늦어진 다며 다시 ○,○○○만 원을 더 빌려주면 ○○○○. ○○. ○○.까지 즉시 지급하겠다고 해서 거절하고 사실진위를 파악해보았습니다.

(3) 기망 및 편취행위

가. 피진정인은 진정인에게 위 금원을 차용할 전라남도 나주시 ○○로 ○길 ○○, ○○아파트 ○○○동 ○○○○호로 주소지가 되어 있었으나(증 제1호증 주민등록표 초본참조) 진정인이 찾아가 확인해본 바, 그곳은 피진정인의 친정오빠가 살고 있었고 피진정인이 주민등록을 옮겨놓고 수많은 사람들이 찾아오고 골치 아파 죽겠는데 연락이 두절된 상태라고 하고 있습니다.

나. 피진정인은 처음부터 위 금원을 변제할 부동산이나(피진정인 주소지 부동산등기부등본, 증 제2호증 참조)기타 채권이 전혀 없을 뿐만 아니라, 피진정인의 남편이 사업체를 운영한다고 했는데 전라남도 나주시 ○○로 ○○, 소재 ○○아파트에서 경비일을 하고 매월 지급받는 급료가 약 220만 원에 불과한 것으로 밝혀졌고(증 제3호증 근무사실확인서 참조) 또한 여러 사람으로부터 위와 같은 조건으로 금원을 차용하여 고의적으로 변제하지 않고 현재는 행방을 감춘 상태입니다.

다. 이와 같이 피진정인은 처음부터 진정인으로부터 돈을 빌리더라도 갚을 의사 없이 교모하게 자신의 남편이 운영하는 사업체에서 돈이 나오면 변제하겠다고 진정인에게 호소하여 진정인으로 하여금 그 말을 믿게 하고, 또한 변제할 능력이 있는 것처럼 기망하여 위 금원을 편취하였습니다.

(4) 결 론

그렇다면, 피진정인은 위 차용금을 줄 의사나 능력이 없음에도 불구하고 자신의 남편이 운영하는 사업체에서 돈이 나오면 가장 먼저 진정인에게 변제하겠다고 속이고 진정인에게 돈을 빌려가 고의적으로 반환하지 않는 점 등으로 보아 이를 편취하였다 할 것이므로 철저히 조사하시어 법에 준엄함을 깨달을 수 있도록 엄중 처벌하여 주시기 바랍니다.

5. 증거자료

□ 진정인은 진정인의 진술 외에 제출할 증거가 없습니다.

■ 진정인은 진정인의 진술 외에 제출할 증거가 있습니다.

☞ 제출할 증거의 세부내역은 별지를 작성하여 첨부합니다.

6. 관련사건의 수사 및 재판여부

① 중복 고소여부	본 진정서와 같은 내용의 고소장을 다른 검찰청 또는 경찰서에 제출하거나 제출하였던 사실이 있습니다 □ / 없습니다 ■
② 관련 형사사건 수사유무	본 진정서에 기재된 범죄사실과 관련된 사건 또는 공범에 대하여 검찰청이나 경찰서에서 수사 중에 있습니다 □ / 수사 중에 있지 않습니다 ■
③ 관련 민사소송 유무	본 진정서에 기재된 범죄사실과 관련된 사건에 대하여 법원에서 민사소송 중에 있습니다 □ / 민사소송 중에 있지 않습니다 ■

7. 기타

본 진정서에 기재한 내용은 진정인이 알고 있는 지식과 경험을 바탕으로 모두 사실대로 작성하였습니다.

○○○○ 년 ○○ 월 ○○ 일

위 진정인 : ○   ○   ○   (인)

전라남도 해남경찰서장 귀중

별지 : 증거자료 세부 목록

(범죄사실 입증을 위해 제출하려는 증거에 대하여 아래 각 증거별로 해당 난을 구체적으로 작성해 주시기 바랍니다)

1. 인적증거

성 명	○ ○ ○	주민등록번호		생략	
주 소	○○시 ○○로 ○길 ○○, ○○○-○○○호		직업	회사원	
전 화	(휴대폰) 010 -4991 - 0000				
입증하려는 내 용	위 ○○○은 피진정인이 진정인에게 찾아와 돈을 빌리는 과정과 남편의 사업체에서 돈이 나오면 바로 지급하겠다고 한 사실에 대하여 입회한 사실이 있어 소상히 잘 알고 있으므로 이를 입증하고자 합니다.				

2. 증거서류

순번	증 거	작성자	제출 유무
1	차용증	피진정인	■ 접수시 제출　□ 수사 중 제출
2	주민등록초본	피진정인	■ 접수시 제출　□ 수사 중 제출
3	등기부등본	진정인	■ 접수시 제출　□ 수사 중 제출
4			□ 접수시 제출　□ 수사 중 제출
5			□ 접수시 제출　□ 수사 중 제출

3. 증거물

순번	증 거	소유자	제출 유무
1	차용증 등	진정인	■ 접수시 제출　□ 수사 중 제출
2	등기부등본	진정인	■ 접수시 제출　□ 수사 중 제출
3			□ 접수시 제출　□ 수사 중 제출
4			□ 접수시 제출　□ 수사 중 제출
5			□ 접수시 제출　□ 수사 중 제출

4. 기타증거

추후 필요에 따라 제출하겠습니다.

라, 고소장

위 사안에 대한 고소장은 다음과 같이 작성하시면 됩니다.

고   소   장

고 소 인 : ○   ○   ○

피 고 소 인 : ○   ○   ○

전라남도 해남경찰서장 귀중

고   소   장

1. 고 소 인

성 명	○ ○ ○	주민등록번호	생략
주 소	전라남도 해남군 해남읍 ○○로 ○○, ○○○호		
직 업	생략	사무실 주 소	생략
전 화	(휴대폰) 010 - 9843 - 0000		
대리인에 의한 고 소	□ 법정대리인 (성명 : , 연락처) □ 고소대리인 (성명 : 변호사, 연락처)		

2. 피진정인

성 명	○ ○ ○	주민등록번호	생략
주 소	전라남도 해남군 ○○면 ○○로길 ○○, ○○○호		
직 업	주부	사무실 주 소	생략
전 화	(휴대폰) 010 - 9877 - 0000		
기타사항	고소인과의 관계 - 친·인척관계 없습니다.		

3. 고소취지

고소인은 피고소인에 관하여 다음과 같이 형법 제347조 제1항 사기혐의로 고소하오니 법에 준엄함을 깨달을 수 있도록 철저히 수사하여 엄벌에 처해 주시기 바랍니다.

4. 범죄사실

(1) 당사자 관계

고소인은 주소지에 거주하면서 주소지 인근에서 ○○이라는 상호로 지물포를 운영하고 있고, 피고소인은 주소지에 거주하며 직업은 없고 가정주부입니다.

(2) 금전대여의 경위

가. 고소인은 ○○○○. ○○○. ○○. 14:20경 피고소인이 찾아와 남편이 사업을 하는데 금 5,500만 원을 빌려주면 이자는 매월 170만 원을 지급하고 석 달만 사용하고 변제하겠다고 하여 이를 믿고 위 금원을 대여하고 피고소인이 자필로 작성한 차용증을 교부 받은 바 있습니다

나. 피고소인은 변제기일이 지나 다시 고소인에게 ○○○○. ○○. ○○. 17:00경 찾아와 변제가 조금 늦어진 다며 다시 ○,○○○만 원을 더 빌려주면 ○○○○. ○○. ○○.까지 즉시 지급하겠다고 해서 거절하고 사실진위를 파악해보았습니다.

(3) 기망 및 편취행위

가. 피고소인은 고소인에게 위 금원을 차용할 전라남도 나주시 ○○로 ○길 ○○, ○○아파트 ○○○동 ○○○○호로 주소지가 되어 있었으나(증 제1호증 주민등록표 초본참조) 고소인이 찾아가 확인해본 바, 그곳은 피고소인의 친정오빠가 살고 있었고 피고소인이 주민등록을 옮겨놓고 수많은 사람들이 찾아오고 골치 아파 죽겠는데 연락이 두절된 상태라고 하고 있습니다.

나. 피고소인은 처음부터 위 금원을 변제할 부동산이나(피진정인 주소지 부동산등기부등본, 증 제2호증 참조)기타 채권이 전혀 없을 뿐만 아니라, 피고소인의 남편이 사업체를 운영한다고 했는데 전라남도 나주시 ○○로 ○○, 소재 ○○아파트에서 경비 일을 하고 매월 지급받는 급료가 약 220만 원에 불과한 것으로 밝혀졌고(증 제3호증 근무사실확인서 참조) 또한 여러 사람으로부터 위와 같은 조건으로 금원을 차용하여 고의적으로 변제하지 않고 현재는 행방을 감춘 상태입니다.

다. 이와 같이 피고소인은 처음부터 고소인으로부터 돈을 빌리더라도 갚을 의사 없이 교모하게 자신의 남편이 운영하는 사업체에서 돈이 나오면 변제하겠다고 고소인에게 호소하여 고소인으로 하여금 그 말을 믿게 하고, 또한 변제할 능력이 있는 것처럼 기망하여 위 금원을 편취하였습니다.

(4) 결 론

그렇다면, 피고소인은 위 차용금을 줄 의사나 능력이 없음에도 불구하고 자신의 남편이 운영하는 사업체에서 돈이 나오면 가장 먼저 고소인에게 변제하겠다고 속이고 고소인에게 돈을 빌려가 고의적으로 반환하지 않는 점 등으로 보아 이를 편취하였다 할 것이므로 철저히 조사하시어 법에 준엄함을 깨달을 수 있도록 엄중 처벌하여 주시기 바랍니다.

5. 증거자료

□ 고소인은 고소인의 진술 외에 제출할 증거가 없습니다.

■ 고소인은 고소인의 진술 외에 제출할 증거가 있습니다.

 ☞ 제출할 증거의 세부내역은 별지를 작성하여 첨부합니다.

6. 관련사건의 수사 및 재판여부

① 중복 고소여부	본 고소장과 같은 내용의 고소장을 다른 검찰청 또는 경찰서에 제출하거나 제출하였던 사실이 있습니다 □ / 없습니다 ■
② 관련 형사사건 수사유무	본 고소장에 기재된 범죄사실과 관련된 사건 또는 공범에 대하여 검찰청이나 경찰서에서 수사 중에 있습니다 □ / 수사 중에 있지 않습니다 ■
③ 관련 민사소송 유무	본 고소장에 기재된 범죄사실과 관련된 사건에 대하여 법원에서 민사소송 중에 있습니다 □ / 민사소송 중에 있지 않습니다 ■

7. 기타

본 고소장에 기재한 내용은 고소인이 알고 있는 지식과 경험을 바탕으로 모두 사실대로 작성하였으며, 만일 허위사실을 고소하였을 때에는 형법 제156조 무고죄로 처벌받을 것임을 아울러 서약합니다.

○○○○ 년 ○○ 월 ○○ 일

위 고소인 : ○　　○　　○　　(인)

전라남도 해남경찰서장 귀중

별지 : 증거자료 세부 목록

　　(범죄사실 입증을 위해 제출하려는 증거에 대하여 아래 각 증거별로 해당 난을 구체적으로 작성해 주시기 바랍니다)

1. 인적증거

성　명	○○○	주민등록번호	생략		
주　소	○○시 ○○로 ○길 ○○, ○○○-○○○호			직업	회사원
전　화	(휴대폰) 010 -4991 - 0000				
입증하려는 내　용	위 ○○○은 피고소인이 고소인에게 찾아와 돈을 빌리는 과정과 남편의 사업체에서 돈이 나오면 바로 지급하겠다고 한 사실에 대하여 입회한 사실이 있어 소상히 잘 알고 있으므로 이를 입증하고자 합니다.				

2. 증거서류

순번	증　거	작성자	제출 유무
1	차용증	피고소인	■ 접수시 제출　　□ 수사 중 제출
2	주민등록초본	피고소인	■ 접수시 제출　　□ 수사 중 제출
3	등기부등본	고소인	■ 접수시 제출　　□ 수사 중 제출
4			□ 접수시 제출　　□ 수사 중 제출
5			□ 접수시 제출　　□ 수사 중 제출

3. 증거물

순번	증　거	소유자	제출 유무
1	차용증 등	고소인	■ 접수시 제출　　□ 수사 중 제출
2	등기부등본	고소인	■ 접수시 제출　　□ 수사 중 제출
3			□ 접수시 제출　　□ 수사 중 제출
4			□ 접수시 제출　　□ 수사 중 제출
5			□ 접수시 제출　　□ 수사 중 제출

4. 기타증거

　　추후 필요에 따라 제출하겠습니다.

제2절 차용사기 사례

2. 건설공사를 맡았는데 돈을 빌려주면 기성 금이 나오면 지급하겠다고 속이고 차용금 명목으로 교부받아 편취한 경우

가, 사례

피고소인은 ○○○○. ○○○. ○○. 고소인에게 찾아와 경기도 안성시 소재 ○○건설공사를 ○○억 원에 도급받아 하고 있기 때문에 ○억 원을 차용하여 주면 ○○○○. ○○. ○○. 기성 금이 나오면 가장 먼저 변제할 수 있다고 거짓말을 하여 이에 속은 고소인으로 하여금 차용금 명목으로 돈을 교부받아 편취하였습니다.

나, 판단

피고소인의 행위는 돈을 빌릴 당시를 전후하여 별다른 재산이나 수입이 없었고, 채무초과상태에 이르러 건설공사를 도급한 사실이 없으면서 도급하여 기성 금을 받아 가장 먼저 변제하겠다고 거짓말을 하여 이에 속은 고소인으로 하여금 차용금 명목으로 돈을 빌려 편취한 것으로 요약할 수 있습니다.

피고소인의 위와 같은 기망행위는 고소인에게 거짓말(기망)을 하여 고소인을 착오에 빠뜨리고 재물을 교부받아 편취한 것인 이상 형법 제347조 제1항 사기죄로 의율하는 것이 타당하다 할 것입니다.

다, 진정서

위 사안에 대한 진정서는 다음과 같이 작성하시면 됩니다.

진   정   서

진 정 인 : ○   ○   ○

피 진 정 인 : ○   ○   ○

서울시 동대문경찰서장 귀중

진 정 서

1. 진 정 인

성 명	○ ○ ○	주민등록번호	생략
주 소	경기도 용인시 ○○구 ○○로길 ○○, ○○○○호		
직 업	생략	사무실 주 소	생략
전 화	(휴대폰) 010 - 9843 - 0000		
대리인에 의한 진 정	☐ 법정대리인 (성명 : ,　　　연락처　　　　) ☐ 진정대리인 (성명 : 변호사,　연락처　　　　)		

2. 피진정인

성 명	○ ○ ○	주민등록번호	생략
주 소	서울시 동대문구 ○○로 ○○, ○○○-○○○○호		
직 업	무지	사무실 주 소	생략
전 화	(휴대폰) 010 - 1890 - 0000		
기타사항	진정인과의 관계 - 친·인척관계 없습니다.		

3. 진정취지

진정인은 피진정인에 관하여 다음과 같이 형법 제347조 제1항 사기혐의로 진정하오니 법에 준엄함을 깨달을 수 있도록 철저히 수사하여 엄벌에 처해 주시기 바랍니다.

4.진정원인

(1) 당사자 관계

진정인은 주식회사 ○○디앤씨라는 상호로 농산물유통업을 영위하는 법인의 대표이사이며, 피진정인은 ○○○○. ○○. ○○.부터 ○○○○. ○○. ○○.까지 위 법인에서 기획이사로 근무하던 자입니다.

(2) 금전대여의 경위

가. 진정인은 ○○○○. ○○○. ○○. 피진정인이 찾아와 경기도 안성시 소재 ○○건설공사를 ○○억 원에 도급받아 하고 있기 때문에 ○억 원을 차용하여 주면 ○○○○. ○○. ○○. 기성 금이 나오면 가장 먼저 변제할 수 있다고 해서 이를 믿고 이자 없이 위 금원을 대여하고 피진정인이 자필로 작성한 차용증을 교부 받은 바 있습니다

나. 진정인은 ○○○○. ○○. ○○. 피진정인이 찾아와 기성 금이 나오지 않아 변제가 조금 늦어진 다며 다시 ○,○○○만 원을 더 빌려주면 ○○○○. ○○. ○○.까지 공사비가 나오면 즉시 지급하겠다고 해서 ○○○○. ○○. ○○.이자 없이 빌려주고 피진정인 명의의 영수증 겸 차용증을 교부 받았습니다.

다. 그 후 피진정인은 위 변제기가 지나도 차일피일 미루며 변제하지 않았고 현재는 아예 행방을 감춘상태입니다.

(3) 기망 및 편취행위

가. 피진정인은 진정인에게 위 금원을 차용할 ○○도 ○○시 ○○로 ○길 ○○, ○○아파트 ○○○동 ○○○○호로 주소지가 되어 있었으나(증 제1호증 주민등록표 초본참조) 진정인이 찾아가 확인해본바,

그곳은 피진정인의 처제가 살고 있었고 피진정인이 주민등록을 옮겨 놓고 수많은 사람들이 찾아오고 골치 아파 죽겠는데 연락이 두절된 상태라고 하고 있습니다.

나. 피진정인은 처음부터 위 금원을 변제할 부동산이나(피고소인 주소지 부동산등기부등본, 증 제2호증 참조) 피진정인이 운전하고 있는 자동차도 다른 사람의 명의로 되어 있고(증 제3호증 자동차등록원부 참조) 기타 채권이 전혀 없을 뿐만 아니라, 위 경기도 안성시 소재 ○○건설공사를 ○○억 원에 도급받아 공사를 하고 있다고 하였는데 피진정인이 말한 경기도 안성시 소재 ○○에 대한 등기부등본에 의하면 아직도 절대농지로서 건축행위가 불가능한 것임이 밝혀졌고(증 제4호증 등기부등본 참조) 또한 여러 사람으로부터 위와 같은 조건으로 금원을 차용하여 고의적으로 변제하지 않고 현재는 행방을 감춘 상태입니다.

다. 이와 같이 피진정인은 처음부터 진정인으로부터 돈을 빌리더라도 갚을 의사 없이 교묘하게 자신이 위 경기도 안성시 소재 ○○건설공사를 ○○억 원에 도급받아 공사를 하고 있다며 기성 금이 나오면 변제하겠다고 진정인에게 호소하여 진정인으로 하여금 그 말을 믿게 하고, 또한 변제할 능력이 있는 것처럼 기망하여 위 금원을 편취하였습니다.

(4) 결 론

그렇다면, 피진정인은 위 차용금을 줄 의사나 능력이 없음에도 불구하고 위 경기도 안성시 소재 ○○건설공사를 ○○억 원에 도급받아 공사를 하고 있다며 기성 금이 나오면 가장 먼저 진정인에게 변제하겠다고 속이고 고소인에게 돈을 빌려가 고의적으로 반환하지 않는 점 등으로 보아 이를 편취하였다 할 것이므로 철저히 조사하시어 법에 준엄함을 깨달을 수 있도록 엄중 처벌하여 주시기 바랍니다.

5.증거자료

　□ 진정인은 진정인의 진술 외에 제출할 증거가 없습니다.

　■ 진정인은 진정인의 진술 외에 제출할 증거가 있습니다.

　　☞ 제출할 증거의 세부내역은 별지를 작성하여 첨부합니다.

6.관련사건의 수사 및 재판여부

① 중복 고소여부	본 진정서와 같은 내용의 고소장을 다른 검찰청 또는 경찰서에 제출하거나 제출하였던 사실이 있습니다 □ / 없습니다 ■
② 관련 형사사건 수사유무	본 진정서에 기재된 범죄사실과 관련된 사건 또는 공범에 대하여 검찰청이나 경찰서에서 수사 중에 있습니다 □ / 수사 중에 있지 않습니다 ■
③ 관련 민사소송 유무	본 진정서에 기재된 범죄사실과 관련된 사건에 대하여 법원에서 민사소송 중에 있습니다 □ / 민사소송 중에 있지 않습니다 ■

7.기타

본 진정서에 기재한 내용은 진정인이 알고 있는 지식과 경험을 바탕으로 모두 사실대로 작성하였습니다.

○○○○ 년 ○○ 월 ○○ 일

위 고소인 : ○　　○　　○　　(인)

서울시 동대문경찰서장 귀중

별지 : 증거자료 세부 목록

　　　(범죄사실 입증을 위해 제출하려는 증거에 대하여 아래 각 증거별로 해당
　　　난을 구체적으로 작성해 주시기 바랍니다)

1. 인적증거

성 명	○ ○ ○	주민등록번호		생략	
주 소	○○시 ○○로 ○길 ○○, ○○○-○○○호		직업		회사원
전 화	(휴대폰) 010 -4991 - 0000				
입증하려는 내 용	위 ○○○은 피진정인이 진정인에게 찾아와 돈을 빌리는 과정과 안성시에서 공사대금을 받으면 바로 지급하겠다고 한 사실에 대하여 입회한 사실이 있어 소상히 잘 알고 있으므로 이를 입증하고자 합니다.				

2. 증거서류

순번	증 거	작성자	제출 유무	
1	차용증 등 2매	피진정인	■ 접수시 제출	□ 수사 중 제출
2	주민등록초본	피진정인	■ 접수시 제출	□ 수사 중 제출
3	등기부등본	진정인	■ 접수시 제출	□ 수사 중 제출
4			□ 접수시 제출	□ 수사 중 제출
5			□ 접수시 제출	□ 수사 중 제출

3. 증거물

순번	증 거	소유자	제출 유무	
1	차용증 등	진정인	■ 접수시 제출	□ 수사 중 제출
2	등기부등본	진정인	■ 접수시 제출	□ 수사 중 제출
3			□ 접수시 제출	□ 수사 중 제출
4			□ 접수시 제출	□ 수사 중 제출
5			□ 접수시 제출	□ 수사 중 제출

4. 기타증거

　　추후 필요에 따라 제출하겠습니다.

라, 고소장

위 사안에 대한 고소장은 다음과 같이 작성하시면 됩니다.

고   소   장

고 소 인 : ○   ○   ○

피 고 소 인 : ○   ○   ○

서울시 동대문경찰서장 귀중

고   소   장

1. 고소인

성 명	○ ○ ○	주민등록번호	생략
주 소	경기도 용인시 ○○구 ○○로길 ○○, ○○○○호		
직 업	생략	사무실 주 소	생략
전 화	(휴대폰) 010 - 9843 - 0000		
대리인에 의한 고 소	☐ 법정대리인 (성명 : , 연락처) ☐ 소송대리인 (성명 : 변호사, 연락처)		

2. 피고소인

성 명	○ ○ ○	주민등록번호	생략
주 소	서울시 동대문구 ○○로 ○○, ○○○-○○○○호		
직 업	무지	사무실 주 소	생략
전 화	(휴대폰) 010 - 1890 - 0000		
기타사항	고소인과의 관계 - 친·인척관계 없습니다.		

3. 고소취지

고소인은 피고소인에 관하여 다음과 같이 형법 제347조 제1항 사기혐의로 고소하오니 법에 준엄함을 깨달을 수 있도록 철저히 수사하여 엄벌에 처해 주시기 바랍니다.

4.범죄사실

(1) 당사자 관계

고소인은 주식회사 ○○디앤씨라는 상호로 농산물유통업을 영위하는 법인의 대표이사이며, 피고소인은 ○○○○. ○○. ○○.부터 ○○○○. ○○. ○○.까지 위 법인에서 기회이사로 근무하던 자입니다.

(2) 금전대여의 경위

가. 고소인은 ○○○○. ○○○. ○○. 피고소인이 찾아와 경기도 안성시 소재 ○○건설공사를 ○○억 원에 도급받아 하고 있기 때문에 ○억 원을 차용하여 주면 ○○○○. ○○. ○○. 기성 금이 나오면 가장 먼저 변제할 수 있다고 해서 이를 믿고 이자 없이 위 금원을 대여하고 피고소인이 자필로 작성한 차용증을 교부 받은 바 있습니다

나. 고소인은 ○○○○. ○○. ○○. 피고소인이 찾아와 기성 금이 나오지 않아 변제가 조금 늦어진 다며 다시 ○,○○○만 원을 더 빌려주면 ○○○○. ○○. ○○.까지 공사비가 나오면 즉시 지급하겠다고 해서 ○○○○. ○○. ○○.이자 없이 빌려주고 피고소인 명의의 영수증 겸 차용증을 교부 받았습니다.

다. 그 후 피고소인은 위 변제기가 지나도 차일피일 미루며 변제하지 않았고 현재는 아예 행방을 감춘상태입니다.

(3) 기망 및 편취행위

가. 피고소인은 고소인에게 위 금원을 차용할 ○○도 ○○시 ○○로 ○길 ○○, ○○아파트 ○○○동 ○○○○호로 주소지가 되어 있었으나(증 제1호증 주민등록표 초본참조) 고소인이 찾아가 확인해본바, 그곳은 피고소인의 처제가 살고 있었고 피고소인이 주민등록을 옮겨

놓고 수많은 사람들이 찾아오고 골치 아파 죽겠는데 연락이 두절된 상태라고 하고 있습니다.

나. 피고소인은 처음부터 위 금원을 변제할 부동산이나(피고소인 주소지 부동산등기부등본, 증 제2호증 참조) 피고소인이 운전하고 있는 자동차도 다른 사람의 명의로 되어 있고(증 제3호증 자동차등록원부 참조) 기타 채권이 전혀 없을 뿐만 아니라, 위 경기도 안성시 소재 ○○건설공사를 ○○억 원에 도급받아 공사를 하고 있다고 하였는데 피고소인이 말한 경기도 안성시 소재 ○○에 대한 등기부등본에 의하면 아직도 절대농지로서 건축행위가 불가능한 것임이 밝혀졌고(증 제4호증 등기부등본 참조) 또한 여러 사람으로부터 위와 같은 조건으로 금원을 차용하여 고의적으로 변제하지 않고 현재는 행방을 감춘 상태입니다.

다. 이와 같이 피고소인은 처음부터 고소인으로부터 돈을 빌리더라도 갚을 의사 없이 교모하게 자신이 위 경기도 안성시 소재 ○○건설공사를 ○○억 원에 도급받아 공사를 하고 있다며 기성 금이 나오면 변제하겠다고 고소인에게 호소하여 고소인으로 하여금 그 말을 믿게 하고, 또한 변제할 능력이 있는 것처럼 기망하여 위 금원을 편취하였습니다.

(4) 결 론

그렇다면, 피고소인은 위 차용금을 줄 의사나 능력이 없음에도 불구하고 위 경기도 안성시 소재 ○○건설공사를 ○○억 원에 도급받아 공사를 하고 있다며 기성 금이 나오면 가장 먼저 고소인에게 변제하겠다고 속이고 고소인에게 돈을 빌려가 고의적으로 반환하지 않는 점 등으로 보아 이를 편취하였다 할 것이므로 철저히 조사하시어 법에 준엄함을 깨달을 수 있도록 엄중 처벌하여 주시기 바랍니다.

5.증거자료

□ 고소인은 고소인의 진술 외에 제출할 증거가 없습니다.

■ 고소인은 고소인의 진술 외에 제출할 증거가 있습니다.

☞ 제출할 증거의 세부내역은 별지를 작성하여 첨부합니다.

6.관련사건의 수사 및 재판여부

① 중복 고소여부	본 고소장과 같은 내용의 고소장을 다른 검찰청 또는 경찰서에 제출하거나 제출하였던 사실이 있습니다 □ / 없습니다 ■
② 관련 형사사건 수사유무	본 고소장에 기재된 범죄사실과 관련된 사건 또는 공범에 대하여 검찰청이나 경찰서에서 수사 중에 있습니다 □ / 수사 중에 있지 않습니다 ■
③ 관련 민사소송 유무	본 고소장에 기재된 범죄사실과 관련된 사건에 대하여 법원에서 민사소송 중에 있습니다 □ / 민사소송 중에 있지 않습니다 ■

7.기타

본 고소장에 기재한 내용은 고소인이 알고 있는 지식과 경험을 바탕으로 모두 사실대로 작성하였으며, 만일 허위사실을 고소하였을 때에는 형법 제156조 무고죄로 처벌받을 것임을 아울러 서약합니다.

○○○○ 년 ○○ 월 ○○ 일

위 고소인 : ○   ○   ○   (인)

서울시 동대문경찰서장 귀중

별지 : 증거자료 세부 목록

　　(범죄사실 입증을 위해 제출하려는 증거에 대하여 아래 각 증거별로 해당
　　난을 구체적으로 작성해 주시기 바랍니다)

1. 인적증거

성 명	○ ○ ○	주민등록번호	생략		
주 소	○○시 ○○로 ○길 ○○, ○○○-○○○호			직업	회사원
전 화	(휴대폰) 010 -4991 - 0000				
입증하려는 내 용	위 ○○○은 피고소인이 고소인에게 찾아와 돈을 빌리는 과정과 안성시에서 공사대금을 받으면 바로 지급하겠다고 한 사실에 대하여 입회한 사실이 있어 소상히 잘 알고 있으므로 이를 입증하고자 합니다.				

2. 증거서류

순번	증 거	작성자	제출 유무
1	차용증 등 2매	피고소인	■ 접수시 제출　　□ 수사 중 제출
2	주민등록초본	피고소인	■ 접수시 제출　　□ 수사 중 제출
3	등기부등본	고소인	■ 접수시 제출　　□ 수사 중 제출
4			□ 접수시 제출　　□ 수사 중 제출
5			□ 접수시 제출　　□ 수사 중 제출

3. 증거물

순번	증 거	소유자	제출 유무
1	차용증 등	고소인	■ 접수시 제출　　□ 수사 중 제출
2	등기부등본	고소인	■ 접수시 제출　　□ 수사 중 제출
3			□ 접수시 제출　　□ 수사 중 제출
4			□ 접수시 제출　　□ 수사 중 제출
5			□ 접수시 제출　　□ 수사 중 제출

4. 기타증거

　　추후 필요에 따라 제출하겠습니다.

제4장 투자사기

형법 제347조(사기) 제1항은 "사람을 기망하여 재물의 교부를 받거나 재산상의 이익을 취득한 자는 10년 이하의 징역 또는 2천만 원 이하의 벌금에 처한다" 고 규정하고 있습니다.

제2항 제1항의 방법을 제3자로 하여금 재물의 교부를 받게 하거나 재산상의 이익을 취득하게 한 때에는 전항의 형과 같이 처벌하는 범죄입니다.

특정재산범죄의 가중처벌법 제3조 제1항 형법 제347조(사기), 제347조의2(컴퓨터등 사용사기), 제350조(공갈), 제350조의2(특수공갈), 제351조(제347조, 제347조의2, 제350조 및 제350조의2의 상습범만 해당한다), 제355조(횡령·배임) 또는 제356조(업무상의 횡령과 배임)의 죄를 범한 사람은 그 범죄행위로 인하여 취득하거나 제3자로 하여금 취득하게 한 재물 또는 재산상 이익의 가액(이하 이 조에서 "이득 액" 이라 한다)이 5억 원 이상일 때에는 다음 각 호의 구분에 따라 가중처벌 합니다.

1. 이득 액이 50억 원 이상일 때 : 무기 또는 5년 이상의 징역
2. 이득 액이 5억 원 이상 50억 원 미만일 때 : 3년 이상의 유기징역

제2항 제1항의 경우 이득 액 이하에 상당하는 벌금을 병과할 수 있습니다.

그러므로 사기죄는 재산 죄 중 재물죄인 동시에 이익 죄에 해당하고 타의 범죄에 비하여 가중범죄에 해당하는 것은 투자사기의 경우 그 피해금액이 고액이기 때문입니다.

투자로 인해 수익이 발생하지 않을 것이란 사실을 이미 알고 있는 사람들이 피해자를 기망하여 착오에 빠뜨려 재물이나 재산상의 이익을 취득하는 행위를 실무에서는 투자사기라고 합니다.

투자사기에서의 기망은 사업능력을 속이는 것입니다.

투자를 할 당시 투자를 받는 사업가가 투자 금을 받아 사업에 사용하지 않고 다른 곳에 사용하겠다. 또는 투자자들에게는 사업이 망해 어쩔 수 없다고 둘러대야겠다. 라고마음을 먹고 투자 금을 받았다면 투자사기가 성립합니다.

예컨대 하루에 어떤 제품을 생산하여 3,000만 원 이상의 수익이 난다며 신규투자를 받는 것처럼 홍보하는 수법으로 신규투자자를 모집한 경우에는 업체에 납품 등록이 돼 있지 않았거나 원재료를 납품할 수 없었다는 사실을 입증하면 투자사기가 성립합니다.

투자사기는 대부분 사업시행 준비나 인허가 등 사실상 개발에 필요한 절차가 전혀 이루어지지 않은 상황에서 허위 정보를 통해 투자 금을 유치하면 투자사기가 성립합니다.

투자사기는 범인이 피해자에게 거짓말(기망)을 하여 범인에게 경제적인 이익이 돌아오도록 한다면 사기죄가 성립합니다.

대부분 투자를 빙자하여 투자자들로부터 돈을 끌어 모은 후 그 투자 금을 지정된 투자처에 넣지 않고 본인이 착복하거나 딴 곳에 써버리는 등으로 투자 금을 편취한 경우 투자사기라고 합니다.

투자를 받은 투자 금을 개인적으로 유용함이 없이 투자계약서 상으로 약정된 투자처에 투입하면 문제가 없겠지만, 투자 금을 투자자들 몰래 다른 곳에 투자했거나 개인적으로 유용하는 식으로 투자자를 속였다고 한다면 투자사기가 해당됩니다.

투자사기는 피해자들에게 적은 금액으로 큰 수익을 얻을 수 있다고 현혹시킨 뒤 투자 금을 입금하도록 유도하여 금액을 갈취하기 때문에 피해자들을 속이는 기망행위에 속하며, 이를 이용해 재산상의 이익을 취득하기 때문에 사기죄가 성립합니다.

사기죄가 성립하기 위해서는, 가해자가 피해자를 속여서(기망행위) 어떤 재산상 처분행위를 하도록 만든 경우로서 처음부터 상대방을 기망할 의도가 있었어야 합니다.

투자는 겉으로 드러나는 것을 보면 휘황찬란하지만 아직도 사업인가도 나지 않았는데 투자자를 모집하였거나, 제조생산도 하지 않음에도 투자자를 끌어들이거나, 개발 사업 부지를 취득하지 않았거나 인허가가 원천적으로 불가능임에도 가능하다며 거짓말을 하고 투자를 받은 것은 투자사기에 해당합니다.

허위의 사업계획, 수익확정을 보장하겠다고 속이고, 고의적으로 수익이 나지도 않을 사업을 인허가도 나지 않은 상태에서 투자를 유도하였다면 이 또한 투자사기에 해당합니다.

투자사기는 처음부터 생산도 하지 않으면서 제조생산하고 있다고 속이거나 전혀 사업이나 수익활동을 하지 않는 상황에서 투자 금을 유치하였다면 투자사기가 성립합니다.

사실상 수익모델 또는 실제 영업활동이 없음에도, 허위의 사업설명서 또는 광고 등을 통해 사업이 활발히 진행되는 것처럼 기망하여 투자 금 명목으로 돈을 받는 경우 사기죄가 성립합니다.

대부분 투자 금은 사업 진행을 위해 투자하지 않고 투자 금 돌려막기, 명품 구입, 유흥비, 생활비 등으로 사용하고, 남은 재산은 빼돌리거나 은닉하는 경우가 가장 많습니다.

투자사기는 투자자의 착오가 아닌 범인의 거짓말(기망)에 의하여 착오를 일으켜 손해를 본 것이라면 예컨대 아무짝에도 쓸데가 없는 땅을 곧 백화점이 들어서고 전철역이 생기고 대대적인 개발이 된다는 거짓말에 속아 투자하게 하였다면 투자사기에 해당합니다.

부동산 투자사기는 투자자가 빈틈없는 관찰을 통하여 투자가치가 있는 땅을 매입한 것이라면 부동산 투자사기라는 말이 없을 것입니다. 부동산 투자사기는 범인의 개인적인 득을 위해 피해자를 기망하여 착오에 빠뜨려 타격을 가하였기 때문에 사기죄가 성립합니다.

투자사기는 절대 사기를 당할 일이 없다고 호언장담하는 분에게 뜻하지 않은 상황에서 어려운 상황과 맞닥뜨리는 경우가 생길 수 있는데 그 요인은 투자자의 생각이 범인의 기망행위를 앞서가는 평가로 인하여 착오에 빠져 투자사기를 당하는 확률이 높습니다.

제1절 투자사기 사례

1. 아파트공사장에 알루미늄새시공사를 도급하여 자금을 투자하면 매월 5%의 투자수익과 매월 1,000만 원씩 변제하는 조건으로 투자 금을 교부받아 편취한 경우

가, 사례

피고소인이 ○○○○. ○○○. ○○. 고소인이 찾아와 부산시 동래구 ○○로○○길 ○○, ○○아파트 건축현장에 알루미늄새시공사를 도급받았다며 자금이 필요하니 투자 금 형식으로 금 5,000만 원을 빌려주면 매월 5%의 투자수익과 원금에 대해서는 매월 1,000만 원씩 변제하겠다고 거짓말을 하여 이에 속은 고소인으로부터 금 5,000만 원을 교부받았습니다.

그러나 실제 피고소인은 아파트건축현장에서 알루미늄새시공사를 도급받지 않았고 투자받은 돈은 개인 용도로 사용하고 편취하였습니다.

나, 판단

피고소인의 행위는 처음부터 고소인에게 투자 금으로 돈을 빌리더라도 변제할 의사와 능력 없이 거짓말(기망)하여 이에 속은 고소인으로부터 투자 금 명목으로 위 금액을 교부받아 편취한 것으로 요약할 수 있습니다.

피고소인의 행위는 고소인에게 거짓말(기망)을 하여 고소인을 착오에 빠뜨려 투자 금을 교부받아 편취한 것이므로 형법 제347조 제1항 사기죄로 의율하는 것이 타당하다 할 것입니다.

다, 진정서

위 사안에 대한 진정서는 다음과 같이 작성하시면 됩니다.

진   정   서

진 정 인 :　○　　　○　　　○

피 진 정 인 :　○　　　○　　　○

부산시 동래경찰서장 귀중

진 정 서

1. 진 정 인

성 명	○ ○ ○	주민등록번호	생략
주 소	부산시 해운대구 ○○로○○길 ○○, ○○○호		
직 업	생략	사무실 주 소	생략
전 화	(휴대폰) 010 - 9822 - 0000		
대리인에 의한 진 정	☐ 법정대리인 (성명 : , 연락처) ☐ 진정대리인 (성명 : 변호사, 연락처)		

2. 피진정인

성 명	○ ○ ○	주민등록번호	생략
주 소	부산시 동래구 ○○로 ○○, ○○○호		
직 업	상업	사무실 주 소	생략
전 화	(휴대폰) 010 - 6654 - 0000		
기타사항	진정인과의 관계 - 친·인척관계 없습니다.		

3. 진정취지

진정인은 피진정인에 관하여 다음과 같이 형법 제347조 제1항 사기혐의로 진정하오니 법에 준엄함을 깨달을 수 있도록 철저히 수사하여 엄벌에 처해 주시기 바랍니다.

4. 진정원인

(1) 당사자 관계

진정인은 주소지에 거주하고 의류가공업에 종사하고 있으며, 피진정인은 주소지에 거주하고 부산시 동래구 ○○로길 ○○, 소재에서 ○○페인트라는 상호로 상업을 하고 있습니다.

(2) 투자의 경위

가. 피진정인이 ○○○○. ○○○. ○○. 진정인이 찾아와 부산시 동래구 ○○로○○길 ○○, ○○아파트 건축현장에 알루미늄새시공사를 도급받았다며 자금이 필요하니 투자 금 형식으로 금 5,000만 원을 빌려주면 매월 5%의 투자수익과 원금에 대해서는 매월 1,000만 원씩 변제하겠다고 거짓말을 하여 이에 속은 진정인으로부터 금 5,000만 원을 교부받았습니다.

나. 그 후 피진정인은 위 변제기가 지나도 차일피일 미루며 변제하지 않았고 현재는 아예 행방을 감춘상태입니다.

(3) 기망 및 편취행위

가. 피진정인은 위 알루미늄새시공사가 제대로 이루어지지 않을 경우 지금 살고 있는 부산시 동래구 ○○로길 ○○, ○○아파트 ○○○동 ○○○○호를 팔아서라도 약속을 지키겠다는 차용증에 자필로 기재하였기 때문에 진정인이 확인한 바에 의하면 다른 사람으로 되어 있는 아파트로 실은 피진정인은 부산시 ○○구 ○○로길 ○○이라는 고시원에서 생활하고 있고, 주민등록은 처형 집에 주민등록만 옮겨 놓고 연락이 두절된 상태입니다.

나. 피진정인은 진정인으로부터 투자 형식으로 위 금원을 차용하더라도 변제할 능력(피진정인 주소지 부동산등기부등본, 증 제2호증 참조)이 없고, 위 아파트공사장에 알루미늄새시공사를 도급받은 바 없으므로 변제할 의사 없음에도 거짓말을 하여 그 말을 진실로 믿은 진정인으로부터 투자금 명목으로 위 금원을 교부받아 편취하고 현재는 행방을 감춘 상태입니다.

다. 이와 같이 피진정인은 처음부터 진정인으로부터 돈을 투자 금으로 빌리더라도 갚을 의사 없이 교모하게 위 아파트공사장에서 알루미늄새시공사를 도급받아 공사를 하고 있다며 기성 금이 나오면 매달 1,000만 원씩 변제하겠다고 진정인에게 호소하여 진정인으로 하여금 그 말을 믿게 하고, 또한 변제할 능력이 있는 것처럼 기망하여 위 금원을 편취하였습니다.

(4) 결 론

그렇다면, 피진정인은 위 투자 금을 줄 의사나 능력이 없음에도 불구하고 위 아파트공사장에 알루미늄새시공사를 도급받아 공사를 하고 있다며 기성 금이 나오면 매달 1,000만 원씩 변제하겠다고 속이고 진정인에게 위 금액을 투자받아 고의적으로 반환하지 않는 점 등으로 보아 이를 편취한 것이므로 피진정인을 철저히 조사하시어 법에 준엄함을 깨달을 수 있도록 엄중 처벌하여 주시기 바랍니다.

5. 증거자료

☐ 진정인은 지진정인의 진술 외에 제출할 증거가 없습니다.

■ 진정인은 진정인의 진술 외에 제출할 증거가 있습니다.

☞ 제출할 증거의 세부내역은 별지를 작성하여 첨부합니다.

6.관련사건의 수사 및 재판여부

① 중복 고소여부	본 진정서와 같은 내용의 고소장을 다른 검찰청 또는 경찰서에 제출하거나 제출하였던 사실이 있습니다 □ / 없습니다 ■
② 관련 형사사건 수사유무	본 진정서에 기재된 범죄사실과 관련된 사건 또는 공범에 대하여 검찰청이나 경찰서에서 수사 중에 있습니다 □ / 수사 중에 있지 않습니다 ■
③ 관련 민사소송 유무	본 진정서에 기재된 범죄사실과 관련된 사건에 대하여 법원에서 민사소송 중에 있습니다 □ / 민사소송 중에 있지 않습니다 ■

7.기타

본 진정서에 기재한 내용은 진정인이 알고 있는 지식과 경험을 바탕으로 모두 사실대로 작성하였습니다.

○○○○ 년 ○○ 월 ○○ 일

위 진정인 : ○   ○   ○   (인)

부산시 동래경찰서장 귀중

별지 : 증거자료 세부 목록

(범죄사실 입증을 위해 제출하려는 증거에 대하여 아래 각 증거별로 해당 난을 구체적으로 작성해 주시기 바랍니다)

1. 인적증거

성 명	○ ○ ○	주민등록번호		생략	
주 소	○○시 ○○로 ○길 ○○, ○○○-○○○호		직업	회사원	
전 화	(휴대폰) 010 -4991 - 0000				
입증하려는 내 용	위 ○○○은 피진정인이 진정인에게 찾아와 돈을 빌리는 과정과 알루미늄새시공사대금을 받으면 매달 1,000만 원씩 지급하겠다고 한 사실에 대하여 입회한 사실이 있어 소상히 잘 알고 있으므로 이를 입증하고자 합니다.				

2. 증거서류

순번	증 거	작성자	제출 유무
1	투자약정서	피진정인	■ 접수시 제출　　□ 수사 중 제출
2	주민등록초본	피진정인	■ 접수시 제출　　□ 수사 중 제출
3	등기부등본	진정인	■ 접수시 제출　　□ 수사 중 제출
4			□ 접수시 제출　　□ 수사 중 제출
5			□ 접수시 제출　　□ 수사 중 제출

3. 증거물

순번	증 거	소유자	제출 유무
1	투자약정서	진정인	■ 접수시 제출　　□ 수사 중 제출
2	등기부등본	진정인	■ 접수시 제출　　□ 수사 중 제출
3			□ 접수시 제출　　□ 수사 중 제출
4			□ 접수시 제출　　□ 수사 중 제출
5			□ 접수시 제출　　□ 수사 중 제출

4. 기타증거

추후 필요에 따라 제출하겠습니다.

라, 고소장

위 사안에 대한 고소장은 다음과 같이 작성하시면 됩니다.

고   소   장

고 소 인 : ○   ○   ○

피 고 소 인 : ○   ○   ○

부산시 동래경찰서장 귀중

고 　 소 　 장

1. 고소인

성 　 명	○ ○ ○	주민등록번호	생략
주 　 소	부산시 해운대구 ○○로○○길 ○○, ○○○호		
직 　 업	생략	사무실 주 　 소	생략
전 　 화	(휴대폰) 010 - 9822 - 0000		
대리인에 의한 고 　 소	☐ 법정대리인 (성명 : 　 , 　 　 연락처 　 　) ☐ 고소대리인 (성명 : 변호사, 　 연락처 　 　)		

2. 피고소인

성 　 명	○ ○ ○	주민등록번호	생략
주 　 소	부산시 동래구 ○○로 ○○, ○○○호		
직 　 업	상업	사무실 주 　 소	생략
전 　 화	(휴대폰) 010 - 6654 - 0000		
기타사항	고소인과의 관계 - 친·인척관계 없습니다.		

3. 고소취지

고소인은 피고소인에 관하여 다음과 같이 형법 제347조 제1항 사기혐의로 고소하오니 법에 준엄함을 깨달을 수 있도록 철저히 수사하여 엄벌에 처해 주시기 바랍니다.

4. 범죄사실

(1) 당사자 관계

고소인은 주소지에 거주하고 의류가공업에 종사하고 있으며, 피고소인은 주소지에 거주하고 부산시 동래구 ○○로길 ○○, 소재에서 ○○페인트라는 상호로 상업을 하고 있습니다.

(2) 투자의 경위

가. 피고소인이 ○○○○. ○○○. ○○. 고소인이 찾아와 부산시 동래구 ○○로○○길 ○○, ○○아파트 건축현장에 알루미늄새시공사를 도급받았다며 자금이 필요하니 투자 금 형식으로 금 5,000만 원을 빌려주면 매월 5%의 투자수익과 원금에 대해서는 매월 1,000만 원씩 변제하겠다고 거짓말을 하여 이에 속은 고소인으로부터 금 5,000만 원을 교부받았습니다.

나. 그 후 피고소인은 위 변제기가 지나도 차일피일 미루며 변제하지 않았고 현재는 아예 행방을 감춘상태입니다.

(3) 기망 및 편취행위

가. 피고소인은 위 알루미늄새시공사가 제대로 이루어지지 않을 경우 지금 살고 있는 부산시 동래구 ○○로길 ○○, ○○아파트 ○○○동 ○○○○호를 팔아서라도 약속을 지키겠다는 차용증에 자필로 기재하였기 때문에 고소인이 확인한 바에 의하면 다른 사람으로 되어 있는 아파트로 실은 피고소인은 부산시 ○○구 ○○로길 ○○이라는 고시원에서 생활하고 있고, 주민등록은 처형 집에 주민등록만 옮겨 놓고 연락이 두절된 상태입니다.

나. 피고소인은 고소인으로부터 투자 형식으로 위 금원을 차용하더라도 변제할 능력(피고소인 주소지 부동산등기부등본, 증 제2호증 참조)이 없고, 위 아파트공사장에 알루미늄새시공사를 도급받은 바 없으므로 변제할 의사 없음에도 거짓말을 하여 그 말을 진실로 믿은 고소인으로부터 투자금 명목으로 위 금원을 교부받아 편취하고 현재는 행방을 감춘 상태입니다.

다. 이와 같이 피고소인은 처음부터 고소인으로부터 돈을 투자 금으로 빌리더라도 갚을 의사 없이 교모하게 위 아파트공사장에서 알루미늄새시공사를 도급받아 공사를 하고 있다며 기성 금이 나오면 매달 1,000만 원씩 변제하겠다고 고소인에게 호소하여 고소인으로 하여금 그 말을 믿게 하고, 또한 변제할 능력이 있는 것처럼 기망하여 위 금원을 편취하였습니다.

(4) 결 론

그렇다면, 피고소인은 위 투자 금을 줄 의사나 능력이 없음에도 불구하고 위 아파트공사장에 알루미늄새시공사를 도급받아 공사를 하고 있다며 기성 금이 나오면 매달 1,000만 원씩 변제하겠다고 속이고 고소인에게 위 금액을 투자받아 고의적으로 반환하지 않는 점 등으로 보아 이를 편취한 것이므로 피고소인을 철저히 조사하시어 법에 준엄함을 깨달을 수 있도록 엄중 처벌하여 주시기 바랍니다.

5. 증거자료

☐ 고소인은 고소인의 진술 외에 제출할 증거가 없습니다.

■ 고소인은 고소인의 진술 외에 제출할 증거가 있습니다.

☞ 제출할 증거의 세부내역은 별지를 작성하여 첨부합니다.

6. 관련사건의 수사 및 재판여부

① 중복 고소여부	본 고소장과 같은 내용의 고소장을 다른 검찰청 또는 경찰서에 제출하거나 제출하였던 사실이 있습니다 □ / 없습니다 ■
② 관련 형사사건 수사유무	본 고소장에 기재된 범죄사실과 관련된 사건 또는 공범에 대하여 검찰청이나 경찰서에서 수사 중에 있습니다 □ / 수사 중에 있지 않습니다 ■
③ 관련 민사소송 유무	본 고소장에 기재된 범죄사실과 관련된 사건에 대하여 법원에서 민사소송 중에 있습니다 □ / 민사소송 중에 있지 않습니다 ■

7. 기타

본 고소장에 기재한 내용은 고소인이 알고 있는 지식과 경험을 바탕으로 모두 사실대로 작성하였으며, 만일 허위사실을 고소하였을 때에는 형법 제156조 무고죄로 처벌받을 것임을 아울러 서약합니다.

○○○○ 년 ○○ 월 ○○ 일

위 고소인 : ○   ○   ○   (인)

부산시 동래경찰서장 귀중

별지 : 증거자료 세부 목록

  (범죄사실 입증을 위해 제출하려는 증거에 대하여 아래 각 증거별로 해당 난을 구체적으로 작성해 주시기 바랍니다)

1. 인적증거

성 명	○ ○ ○	주민등록번호		생략	
주 소	○○시 ○○로 ○길 ○○, ○○○-○○○호		직업		회사원
전 화	(휴대폰) 010 -4991 - 0000				
입증하려는 내 용	위 ○○○은 피고소인이 고소인에게 찾아와 돈을 빌리는 과정과 알루미늄새시공사대금을 받으면 매달 1,000만 원씩 지급하겠다고 한 사실에 대하여 입회한 사실이 있어 소상히 잘 알고 있으므로 이를 입증하고자 합니다.				

2. 증거서류

순번	증 거	작성자	제출 유무
1	투자약정서	피고소인	■ 접수시 제출 □ 수사 중 제출
2	주민등록초본	피고소인	■ 접수시 제출 □ 수사 중 제출
3	등기부등본	고소인	■ 접수시 제출 □ 수사 중 제출
4			□ 접수시 제출 □ 수사 중 제출
5			□ 접수시 제출 □ 수사 중 제출

3. 증거물

순번	증 거	소유자	제출 유무
1	투자약정서	고소인	■ 접수시 제출 □ 수사 중 제출
2	등기부등본	고소인	■ 접수시 제출 □ 수사 중 제출
3			□ 접수시 제출 □ 수사 중 제출
4			□ 접수시 제출 □ 수사 중 제출
5			□ 접수시 제출 □ 수사 중 제출

4. 기타증거

  추후 필요에 따라 제출하겠습니다.

제2절 투자사기 사례

2. 쓸모없는 타인의 소유로 있는 토지를 마치 시가상승이 예상되는 토지로서 자신들이 매도할 권한이 있는 것처럼 속여 투자 금을 교부받아 편취한 경우

가. 사례

사실은 경기도 화성시 ○○로 산 ○○. 임야 ○○,○○○㎡는 위 회사가 매수한 사실이 없는데다가 위 토지 주변 200미터 이내에 전철 역사가 들어설 계획이 없음에도 불구하고 고소인에게 피고소인은 '우리 화사가 화성시에 정말 좋은 땅을 구입해 두었는데 그 중 300평만 매입하면 바로 그 땅 앞 200미터 지점에 전철역사가 들어설 계획이니 역사가 들어서면 최소한 땅 값이 상승하여 많은 차익을 남길 수 있다' 라는 취지로 거짓말을 하여 이에 속은 고소인으로부터 투자 금 명목으로 금 2억 2,000만 원을 교부받았습니다.

나. 판단

피고소인의 행위는 처음부터 쓸모없는 타인의 소유로 있는 토지를 마치 시가상승이 예상되는 토지로서 자신들이 매도할 권한이 있는 것처럼 속여 고소인으로부터 매매대금을 편취한 것으로 요약할 수 있습니다.

피고소인의 행위는 타인의 소유로 있는 땅을 고소인에게 매입하면 개발이익을 남길 수 있다는 거짓말(기망)을 하여 고소인을 착오에 빠뜨려 매매대금을 교부받아 편취한 것이므로 형법 제347조 제1항 사기죄로 의율하는 것이 타당하다 할 것입니다.

다, 진정서

위 사안에 대한 진정서는 다음과 같이 작성하시면 됩니다.

진   정   서

진 정 인 :   ○   ○   ○

피 진 정 인 :   ○   ○   ○

수원시 장안경찰서장 귀중

진 정 서

1. 진 정 인

성 명	○ ○ ○	주민등록번호	생략
주 소	경기도 과천시 ○○로 ○○길 ○○, ○○○호		
직 업	생략	사무실 주 소	생략
전 화	(휴대폰) 010 - 7723 - 0000		
대리인에 의한 진 정	□ 법정대리인 (성명 : , 연락처) □ 진정대리인 (성명 : 변호사, 연락처)		

2. 피진정인

성 명	○ ○ ○	주민등록번호	생략
주 소	경기도 수원시 장안구 ○○로 ○길 ○○, ○○○○호		
직 업	무지	사무실 주 소	생략
전 화	(휴대폰) 010 - 2789 - 0000		
기타사항	진정인과의 관계 - 친 · 인척관계 없습니다.		

3. 진정취지

진정인은 피진정인에 관하여 다음과 같이 형법 제347조 제1항 사기혐의로 진
정하오니 법에 준엄함을 깨달을 수 있도록 철저히 수사하여 엄벌에 처해 주시
기 바랍니다.

4. 진정원인

(1) 당사자 관계

○ 진정인은 주소지에 거주하고 조그마한 학원을 운영하고 있으며, 피진정인은 주소지에 거주하고 수원시 장안구 ○○로 ○○. 장원빌딩 ○○○호에서 주식회사 ○○개발이라는 상호의 부동산 개발업체의 기획이사로 재직한 자입니다.

(2) 투자의 경위

가. 피진정인은 쓸모없는 타인의 소유로 있는 토지를 마치 시가상승이 예상되는 토지로서 자신들이 매도할 권한이 있는 것처럼 속여 진정인으로부터 매매대금을 편취하기로 마음먹고,

나, 사실은 경기도 화성시 ○○로 산 ○○. 임야 ○○,○○○㎡는 위 회사가 매수한 사실이 없는데다가 위 토지 주변 200미터 이매에 전철역사가 들어설 계획이 없음에도 불구하고 ○○○○. ○○○. ○○. 위 회사 사무실에서 진정인에게 피진정인은 '우리 화사가 화성시에 정말 좋은 땅을 구입해 두었는데 그 중 300평만 매입하면 바로 그 땅 앞 200미터 지점에 전철역사가 들어설 계획이니 역사가 들어서면 최소한 땅 값이 상승하여 많은 차익을 남길 수 있다' 라는 취지로 거짓말을 하여 이에 속은 진정인으로부터 경기도 화성시 ○○로 산 ○○, 300평을 매매대금 2억 2,000만 원에 매도하는 계약을 체결하고 바로 그 자리에서 계약금 명목으로 1,000만 원을 교부받고 같은 달 ○○.에 중도금조로 금 1억 원을 피진정인의 농협은행 계좌번호로 송금 받고 그 다음 달 ○○. 잔금조로 금 1억 1,000만 원을 같은 피진정인의 위 농협계좌로 송금 받아 도합계 총 2억 2,000만 원을 교부받아 편취한 것입니다.

(3) 기망 및 편취행위

가. 피진정인은 진정인을 위 부동산의 소재지로 안내하면서 위 부동산에 대하여 전황과 같이 기망행위를 하면서 진정인에게 피진정인이 여기가 마지막 남아 있는 땅이라고 하였고 또 누구인가 몰라도 피진정인에게 휴대전화가 걸려오자 진정인의 면전에서 예 사장님 죄송합니다. 한발 늦으셨네요. 그 땅 지금 막 팔렸는데요. 라는 언동으로 진정인을 기망하였습니다.

나. 이러한 피진정인의 기망행위는 그 정도가 지극히 불량하다 할 것입니다.

다. 피진정인은 계속해서 이전등기를 해주겠다고 시간만 질질 끌어오다가 이제는 아예 잠적하고 연락자체가 되지 않을 뿐 아니라 사무실로 사용하고 있던 곳도 이미 사라진지 오래 되었습니다.

(4) 결 론

그렇다면, 피진정인은 쓸모없는 타인의 소유로 있는 토지를 마치 시가상승이 예상되는 토지로서 자신들이 매도할 권한이 있는 것처럼 진정인을 속여 진정인으로부터 매매대금을 교부받아 이를 편취한 것이므로 피진정인을 철저히 조사하시어 법에 준엄함을 깨달을 수 있도록 엄중처벌하여 주시기 바랍니다.

5. 증거자료

☐ 진정인은 진정인의 진술 외에 제출할 증거가 없습니다.

■ 진정인은 진정인의 진술 외에 제출할 증거가 있습니다.

☞ 제출할 증거의 세부내역은 별지를 작성하여 첨부합니다.

6. 관련사건의 수사 및 재판여부

① 중복 고소여부	본 진정서와 같은 내용의 고소장을 다른 검찰청 또는 경찰서에 제출하거나 제출하였던 사실이 있습니다 □ / 없습니다 ■
② 관련 형사사건 수사유무	본 진정서에 기재된 범죄사실과 관련된 사건 또는 공범에 대하여 검찰청이나 경찰서에서 수사 중에 있습니다 □ / 수사 중에 있지 않습니다 ■
③ 관련 민사소송 유무	본 진정서에 기재된 범죄사실과 관련된 사건에 대하여 법원에서 민사소송 중에 있습니다 □ / 민사소송 중에 있지 않습니다 ■

7. 기타

본 진정서에 기재한 내용은 진정인이 알고 있는 지식과 경험을 바탕으로 모두 사실대로 작성하였습니다.

○○○○ 년 ○○ 월 ○○ 일

위 진정인 : ○   ○   ○   (인)

수원시 장안경찰서장 귀중

별지 : 증거자료 세부 목록

    (범죄사실 입증을 위해 제출하려는 증거에 대하여 아래 각 증거별로 해당 난을 구체적으로 작성해 주시기 바랍니다)

1. 인적증거

성 명	○ ○ ○	주민등록번호	생략		
주 소	○○시 ○○로 ○길 ○○, ○○○-○○○호			직업	회사원
전 화	(휴대폰) 010 -4991 - 0000				
입증하려는 내 용	위 ○○○은 피진정인에게 진정인과 동행하여 찾아가 피진정인의 입회하여 모두 들어 잘 알고 있으므로 이를 입증하고자 합니다.				

2. 증거서류

순번	증 거	작성자	제출 유무	
1	매매계약서	피진정인	■ 접수시 제출	□ 수사 중 제출
2	반환하기로 한 각서	피진정인	■ 접수시 제출	□ 수사 중 제출
3	등기부등본	진정인	■ 접수시 제출	□ 수사 중 제출
4			□ 접수시 제출	□ 수사 중 제출
5			□ 접수시 제출	□ 수사 중 제출

3. 증거물

순번	증 거	소유자	제출 유무	
1	매매계약서	진정인	■ 접수시 제출	□ 수사 중 제출
2	등기부등본	진정인	■ 접수시 제출	□ 수사 중 제출
3			□ 접수시 제출	□ 수사 중 제출
4			□ 접수시 제출	□ 수사 중 제출
5			□ 접수시 제출	□ 수사 중 제출

4. 기타증거

    추후 필요에 따라 제출하겠습니다.

라, 고소장

위 사안에 대한 고소장은 다음과 같이 작성하시면 됩니다.

고   소   장

고 소 인 : ○   ○   ○

피 고 소 인 : ○   ○   ○

수원시 장안경찰서장 귀중

고   소   장

1. 고소인

성 명	○ ○ ○	주민등록번호	생략
주 소	경기도 과천시 ○○로 ○○길 ○○, ○○○호		
직 업	생략	사무실 주 소	생략
전 화	(휴대폰) 010 - 7723 - 0000		
대리인에 의한 고 소	□ 법정대리인 (성명 : , 연락처) □ 고소대리인 (성명 : 변호사, 연락처)		

2. 피고소인

성 명	○ ○ ○	주민등록번호	생략
주 소	경기도 수원시 장안구 ○○로 ○길 ○○, ○○○○호		
직 업	무지	사무실 주 소	생략
전 화	(휴대폰) 010 - 2789 - 0000		
기타사항	고소인과의 관계 - 친·인척관계 없습니다.		

3. 고소취지

고소인은 피고소인에 관하여 다음과 같이 형법 제347조 제1항 사기혐의로 고소하오니 법에 준엄함을 깨달을 수 있도록 철저히 수사하여 엄벌에 처해 주시기 바랍니다.

4. 범죄사실

(1) 당사자 관계

○ 고소인은 주소지에 거주하고 조그마한 학원을 운영하고 있으며, 피고소인은 주소지에 거주하고 수원시 장안구 ○○로 ○○. 장원빌딩 ○○○호에서 주식회사 ○○개발이라는 상호의 부동산 개발업체의 기획이사로 재직한 자입니다.

(2) 투자의 경위

가. 피고소인은 쓸모없는 타인의 소유로 있는 토지를 마치 시가상승이 예상되는 토지로서 자신들이 매도할 권한이 있는 것처럼 속여 고소인으로부터 매매대금을 편취하기로 마음먹고,

나, 사실은 경기도 화성시 ○○로 산 ○○. 임야 ○○,○○○㎡는 위 회사가 매수한 사실이 없는데다가 위 토지 주변 200미터 이매에 전철역사가 들어설 계획이 없음에도 불구하고 ○○○○. ○○○. ○○. 위 회사 사무실에서 고소인에게 피고소인은 '우리 화사가 화성시에 정말 좋은 땅을 구입해 두었는데 그 중 300평만 매입하면 바로 그 땅 앞 200미터 지점에 전철역사가 들어설 계획이니 역사가 들어서면 최소한 땅 값이 상승하여 많은 차익을 남길 수 있다'라는 취지로 거짓말을 하여 이에 속은 고소인으로부터 경기도 화성시 ○○로 산 ○○, 300평을 매매대금 2억 2,000만 원에 매도하는 계약을 체결하고 바로 그 자리에서 계약금 명목으로 1,000만 원을 교부받고 같은 달 ○○.에 중도금조로 금 1억 원을 피고소인의 농협은행 계좌번호로 송금 받고 그 다음 달 ○○. 잔금조로 금 1억 1,000만 원을 같은 피고소인의 위 농협계좌로 송금 받아 도합계 총 2억 2,000만 원을 교부받아 편취한 것입니다.

(3) 기망 및 편취행위

　가. 피고소인은 고소인을 위 부동산의 소재지로 안내하면서 위 부동산에
　　　대하여 전황과 같이 기망행위를 하면서 고소인에게 피고소인이 여기
　　　가 마지막 남아 있는 땅이라고 하였고 또 누구인가 몰라도 피고소인
　　　에게 휴대전화가 걸려오자 고소인의 면전에서 예 사장님 죄송합니다.
　　　한발 늦으셨네요. 그 땅 지금 막 팔렸는데요. 라는 언동으로 고소인
　　　을 기망하였습니다.

　나. 이러한 피고소인의 기망행위는 그 정도가 지극히 불량하다 할 것입니다.

　다. 피고소인은 계속해서 이전등기를 해주겠다고 시간만 질질 끌어오다가
　　　이제는 아예 잠적하고 연락자체가 되지 않을 뿐 아니라 사무실로 사
　　　용하고 있던 곳도 이미 사라진지 오래 되었습니다.

(4) 결 론

　그렇다면, 피고소인은 쓸모없는 타인의 소유로 있는 토지를 마치 시가
　상승이 예상되는 토지로서 자신들이 매도할 권한이 있는 것처럼 고소
　인을 속여 고소인으로부터 매매대금을 교부받아 이를 편취한 것이므로
　피고소인을 철저히 조사하시어 법에 준엄함을 깨달을 수 있도록 엄중
　처벌하여 주시기 바랍니다.

5. 증거자료

　□ 고소인은 고소인의 진술 외에 제출할 증거가 없습니다.
　■ 고소인은 고소인의 진술 외에 제출할 증거가 있습니다.
　　　☞ 제출할 증거의 세부내역은 별지를 작성하여 첨부합니다.

6.관련사건의 수사 및 재판여부

① 중복 고소여부	본 고소장과 같은 내용의 고소장을 다른 검찰청 또는 경찰서에 제출하거나 제출하였던 사실이 있습니다 □ / 없습니다 ■
② 관련 형사사건 수사유무	본 고소장에 기재된 범죄사실과 관련된 사건 또는 공범에 대하여 검찰청이나 경찰서에서 수사 중에 있습니다 □ / 수사 중에 있지 않습니다 ■
③ 관련 민사소송 유무	본 고소장에 기재된 범죄사실과 관련된 사건에 대하여 법원에서 민사소송 중에 있습니다 □ / 민사소송 중에 있지 않습니다 ■

7.기타

본 고소장에 기재한 내용은 고소인이 알고 있는 지식과 경험을 바탕으로 모두 사실대로 작성하였으며, 만일 허위사실을 고소하였을 때에는 형법 제156조 무고죄로 처벌받을 것임을 아울러 서약합니다.

○○○○ 년 ○○ 월 ○○ 일

위 고소인 : ○   ○   ○   (인)

수원시 장안경찰서장 귀중

별지 : 증거자료 세부 목록

(범죄사실 입증을 위해 제출하려는 증거에 대하여 아래 각 증거별로 해당 난을 구체적으로 작성해 주시기 바랍니다)

1. 인적증거

성 명	○ ○ ○	주민등록번호	생략		
주 소	○○시 ○○로 ○길 ○○, ○○○-○○○호			직업	회사원
전 화	(휴대폰) 010 -4991 - 0000				
입증하려는 내 용	위 ○○○은 피고소인에게 고소인과 동행하여 찾아가 피고소인의 입회하여 모두 들어 잘 알고 있으므로 이를 입증하고자 합니다.				

2. 증거서류

순번	증 거	작성자	제출 유무
1	매매계약서	피고소인	■ 접수시 제출 □ 수사 중 제출
2	반환하기로 한 각서	피고소인	■ 접수시 제출 □ 수사 중 제출
3	등기부등본	고소인	■ 접수시 제출 □ 수사 중 제출
4			□ 접수시 제출 □ 수사 중 제출
5			□ 접수시 제출 □ 수사 중 제출

3. 증거물

순번	증 거	소유자	제출 유무
1	매매계약서	고소인	■ 접수시 제출 □ 수사 중 제출
2	등기부등본	고소인	■ 접수시 제출 □ 수사 중 제출
3			□ 접수시 제출 □ 수사 중 제출
4			□ 접수시 제출 □ 수사 중 제출
5			□ 접수시 제출 □ 수사 중 제출

4. 기타증거

추후 필요에 따라 제출하겠습니다.

제5장 인터넷 금융사기

형법 제347조(사기) 제1항은 "사람을 기망하여 재물의 교부를 받거나 재산상의 이익을 취득한 자는 10년 이하의 징역 또는 2천만 원 이하의 벌금에 처한다" 고 규정하고 있습니다.

제2항 제1항의 방법을 제3자로 하여금 재물의 교부를 받게 하거나 재산상의 이익을 취득하게 한 때에는 전항의 형과 같이 처벌하는 범죄입니다.

대포통장 명의인의 민사책임

대포통장 거래 시 법원은 보이스피싱에 사용된 대포통장 명의인에 대하여 공동불법행위자로서 손해배상책임이 있다고 인정하고 있습니다. 따라서 대포통장 명의인은 피해자들에 대해 민사책임을 질 수 있습니다.

대포통장 거래에 대한 형사처벌

대포통장 거래 시 전자금융거래법 제6조(접근매체의 선정과 사용 및 관리) 제3항 및 제49조(벌칙) 제4항에 근거하여 형사 처벌됩니다.

또한, 2015. 1. 20.에 전자금융거래법이 개정되면서 대가의 수수가 없더라도 대포통장 명의인에 대한 처벌이 가능해졌고, 대포통장을 보관·전달·유통하는 행위까지도 금지되어 있습니다.

사기방조죄로 처벌받을 수도 있습니다.

가, 보이스피싱 사기

보이스피싱은 '음성(voice)' + '개인정보(private data)' + '낚시(fishi ng)'를 합성한 신조어로서 금융 분야에서 속임수나 거짓말로 타인의 재산을 자기 것으로 만드는 특수한 사기범죄의 하나입니다.

전화(일반전화, 휴대전화)를 통해 개인정보를 낚아 올린다는 의미에서 보이스피싱이라는 명칭으로 사용됩니다.

보이스피싱은 사기범 혼자서 저지르는 단독 범죄가 아니라 본부와 콜센터, 인출 팀, 환전·송금 팀, 계좌모집 팀 등의 네트워크를 이루어 움직이는 하나의 조직형·지능형 범죄입니다.

보이스피싱의 특징

(1) 공공기관 및 금융회사를 사칭합니다. 사기범이 검찰, 경찰, 금융감독원 등의 공공기관이나 은행, 캐피탈 등의 금융회사를 번갈아 가면서 사칭합니다.

(2) 심리적으로 압박받을 수 있는 거짓 내용을 주로 사용합니다. 개인정보 유출, 범죄사건 연루, 자녀 납치 등 거짓 내용으로 피해자를 심리적으로 압박합니다.

(3) 발신번호를 조작하여 피해자를 현혹합니다. 피해자가 보이스피싱임을 눈치 챌 수 없게끔 발신번호 창에 공공기관 및 금융회사의 전화번호가 나타나도록 조작하여 피해자를 현혹합니다.

(4) 유창한 한국어를 구사합니다. 사기범은 유창한 우리말을 구사하면서 피해자를 공략합니다.

(5) 조직적으로 역할을 분담하여 범행을 진행합니다. 사기범들은 전화, 대포통장 획득, 피해 금 이체 및 인출 등으로 각자의 역할을 분담하여 조직적으로 범죄를 진행합니다.

(6) 신분 노출을 피하기 위해 주로 대포통장을 이용합니다. 사기범들은 대출이나 취업 알선, 통장 양도 시 대가 지급 등을 미끼로 통장을 획득하여 자신들의 신분이 노출되지 않도록 이를 이용합니다.

나, 메신저피싱 사기

소셜네트워크(SNS)의 발달과 더불어 사기 과정이 보이스피싱과 유사하나 전화 대신 메신저를 이용해 피해자를 속이는 메신저피싱은 다른 사람의 인터넷 메신저 아이디와 비밀번호를 이용하여 로그인한 후 이미 등록되어 있던 가족, 친구 등 지인에게 1:1 대화 또는 쪽지 등을 보내 치료비, 교통사고 합의금 등 긴급 자금을 요청하고, 이에 피해자가 속아 송금하면 이를 가로채는 사기 수법을 말합니다.

메신저피싱의 특징

(1) 피싱사이트로 접속을 유도합니다. 메신저를 이용하는 다수에게 피싱사이트의 인터넷 주소가 포함된 허위정보를 전송하여 이를 클릭하도록 유도한 후 피싱사이트에 접속하면 금융거래정보를 입력하게 하여 금전적 피해를 입하는 수법을 사용합니다.

(2) 다른 사람의 아이디와 패스워드로 로그인을 시도합니다. 보안이 취약한 웹사이트의 고객정보를 해킹한 후 아이디와 패스워드를 가로챈 후 메신저에 불법으로 로그인합니다.

(3) 대화 상대방의 진위 확인이 어렵습니다. 사기범이 가로챈 아이디로 지인을 사칭하여 메시지를 보내는 경우 평소 알고 지내던 지인으로 착각하기 쉽습니다.

다. 대출빙자 사기

　대출빙자사기는 얼굴을 대면(비대면)하지 않는 전화(휴대전화)나 문자 메시지 등의 통신수단을 통해 대출 상담, 대출 알선을 가장하여 접근한 후 신용등급 조정, 대출 수수료 등 각종 명목으로 금전을 요구하여 가로채는 사기수법입니다.

　대출빙자사기의 특징

　(1) 저금리로 대출을 알선해 주겠다고 속입니다. 공신력 있는 제도권 금융회사의 직원을 사칭하여 저금리 대출로 대환해 주겠다며 접근합니다. 그런 후 대부업체 등의 고금리 대출을 받게 하고, 대환대출 명목으로 대출금을 입금하게 하여 돈을 가로챕니다. 또는 은행 등의 저금리 대출을 알선해 주겠다며 일정기간 동안의 예치금 또는 공탁금 등의 명목으로 돈을 요구합니다.

　(2) 무작위로 SMS 문자 메시지를 발송하거나 스마트폰 악성 앱을 이용합니다. 사기범들은 무작위로 저금리 대출을 해 줄 것처럼 문자 메시지를 보낸 후, 대출 상담 전화가 걸려오면 전화번호를 비롯한 개인정보들을 수집합니다. 또한, 사기범에게 대출을 필요로 하는 사람으로 한번 기록되면 반복해서 대출 알선 문자를 보내거나 전화를 합니다.

　(3) 신용등급 상향 조정을 미끼로 보증료 등을 요구합니다. 신용등급이 낮아 대출 진행이 어려우므로 보증보험에 가입해야 한다고 하면서 보증료 납부를 요구하거나, 채무 이행 담보 명목으로 이자 선납 또는 신용불량 정보 삭제를 위한 전산비용 등을 요구합니다.

　(4) 공증료 등 법률비용 납부를 요구합니다. 대출 실행 후에 발생할 수 있는 채무 불이행 또는 채권 추심 등에 대비한 공증료 등의 명목으로 금전을 요구합니다.

(5) 통장 사본, 휴대전화 등 실물을 요구합니다. 대출을 받기 위해서는 통장 또는 휴대전화 개설이 필요하다고 하면서 통장 사본, 체크(현금)카드, 휴대전화 등을 보내 달라고 요구 합니다. 피해자가 사기범의 요구대로 통장 사본, 휴대전화 등을 보내면 사기범은 이를 수령한 뒤 바로 연락을 끊고 대포통장 또는 대포 폰으로 범죄에 악용합니다.

제1절 인터넷 금융사기 보이스피싱 사례

1. 스마트폰으로 메신저 메시지를 확인하던 중, 친구로부터 "갑자기 가족이 아파서 급전이 필요하니 300만 원을 잠시 빌려주면 5일후 갚아 주겠다." 라는 메시지를 받고 아무 의심 없이 친구에게 응답하자 친구는 고마움을 표하며 자신의 계좌번호를 메신저로 보내주었고, 300만 원을 송금하였고, 피해자는 자신이 메신저피싱을 당했다는 사실을 뒤늦게야 알았습니다. 이는 사기범 일당이 피해자의 친구의 메신저 아이디와 비밀번호를 알아내어 접속한 후, 친구인 척 행세하며 다수의 사람에게 급전을 미끼로 돈을 송금해줄 것을 요구하여 편취한 경우

가. 판단

피고소인의 행위는 친구의 메신저 아이디와 비밀번호를 알아내어 접속한 후, 친구인 척 행세하며 급전을 미끼로 돈을 송금해줄 것을 요구하여 편취한 것으로 요약할 수 있습니다.

피고소인의 행위는 고소인에게 친구의 메신저 아이디와 비밀번호를 알아내어 접속한 후, 친구인 척 행세하며 급전을 미끼로 돈을 송금 받아 편취한 것이므로 형법 제347조 제1항 사기죄로 의율하는 것이 타당하다 할 것입니다.

고소인이 범인의 계좌로 송금한 것이므로 범행에 동원된 계좌명의를 대여한 것인 경우 그 계좌명의인에 대해서도 대포통장 거래 시 전자금융거래법 제6조(접근매체의 선정과 사용 및 관리) 제3항 및 제49조(벌칙) 제4항에 근거하여 형사 처벌됩니다.

대가의 수수가 없더라도 대포통장 명의인에 대한 처벌이 가능해졌고, 대포통장을 보관·전달·유통하는 행위까지도 금지되어 있습니다.

나, 진정서

위 사안에 대한 진정서는 다음과 같이 작성하시면 됩니다.

진   정   서

진 정 인 : ○   ○   ○

피 진 정 인 : ○   ○   ○

경상북도 영덕경찰서장 귀중

진 정 서

1. 진 정 인

성 명	○ ○ ○	주민등록번호	생략
주 소	경상북도 영덕군 영덕읍 ○○로 ○○, 수산시장 ○호		
직 업	생략	사무실 주 소	생략
전 화	(휴대폰) 010 - 2388 - 0000		
대리인에 의한 진 정	☐ 법정대리인 (성명 : , 연락처) ☐ 진정대리인 (성명 : 변호사, 연락처)		

2. 피진정인

성 명	무지	주민등록번호	무지
주 소	무지		
직 업	무지	사무실 주 소	무지
전 화	(휴대폰) 010 - 8823 - 0000 계좌번호 농협은행 ○○ ○-○○-○○○-○○		
기타사항	진정인과의 관계 - 친·인척관계 없습니다.		

3. 진정취지

진정인은 피진정인에 관하여 다음과 같이 형법 제347조 제1항 사기죄로 진정하오니 법에 준엄함을 깨달을 수 있도록 철저히 수사하여 엄벌에 처해 주시기 바랍니다.

4. 진정원인

(1) 사건의 경위 및 피진정인의 메신저피싱 사기

○ 진정인은 경상북도 영덕군 영덕읍 ○○로 ○○, 소재에 있는 수산시장에서 영업을 하고 있는데 스마트폰으로 메신저 메시지를 확인하던 중, 친구로부터 ○○○○. ○○. ○○. 15:20경 "갑자기 가족이 아파서 급전이 필요하니 300만 원을 잠시 빌려주면 5일후 갚아 주겠다."라는 메시지를 받고 아무 의심 없이 친구에게 알았다고 하자 친구는 고맙다고 자신의 계좌번호를 메신저로 보내주는 바람에 아무런 의심도 하지 않고 돈을 송금했습니다.

○ 진정인은 메신저피싱을 당했다는 사실을 모르고 있다가 친구가 돈을 갚지 않아 친구에게 전화하여 뒤늦게야 알았습니다.

○ 이는 피진정인이 친구의 메신저 아이디와 비밀번호를 알아내어 접속한 후, 위 돈을 송금 받아 가로 챈 것입니다.

○ 바로 해당은행으로 가서 피진정인이 불러 준 위 계좌번호에 지급정지를 하려고 했는데 이미 피진정인은 진정인이 보낸 돈을 모두 인출한 상태였습니다.

○ 이에 진정인이 피진정인으로부터 메신저피싱 사기를 당한 것으로 알게 되어 전술한 바와 같이 피진정인을 진정하게 되었습니다.

(2) 결론

피진정인의 이 같은 행위는 메신저피싱 사기죄에 해당되므로 진정인은 피진정인을 형법 제347조 제1항 사기죄로 진정하오니 부디 피진정인을 철저히 조사하여 엄벌에 처하여 주시기 바랍니다.

5.증거자료

□ 진정인은 진정인의 진술 외에 제출할 증거가 없습니다.

■ 진정인은 진정인의 진술 외에 제출할 증거가 있습니다.

☞ 제출할 증거의 세부내역은 별지를 작성하여 첨부합니다.

6.관련사건의 수사 및 재판여부

① 중복 고소여부	본 진정서와 같은 내용의 고소장을 다른 검찰청 또는 경찰서에 제출하거나 제출하였던 사실이 있습니다 □ / 없습니다 ■
② 관련 형사사건 수사유무	본 진정서에 기재된 범죄사실과 관련된 사건 또는 공범에 대하여 검찰청이나 경찰서에서 수사 중에 있습니다 □ / 수사 중에 있지 않습니다 ■
③ 관련 민사소송 유무	본 진정서에 기재된 범죄사실과 관련된 사건에 대하여 법원에서 민사소송 중에 있습니다 □ / 민사소송 중에 있지 않습니다 ■

7.기타

본 진정서에 기재한 내용은 진정인이 알고 있는 지식과 경험을 바탕으로 모두 사실대로 작성하였습니다.

○○○○ 년 ○○ 월 ○○ 일

위 진정인 : ○ ○ ○   (인)

경상북도 영덕경찰서장 귀중

별지 : 증거자료 세부 목록

　　(범죄사실 입증을 위해 제출하려는 증거에 대하여 아래 각 증거별로 해당
　　난을 구체적으로 작성해 주시기 바랍니다)

1. 인적증거

성　명	○ ○ ○	주민등록번호	생략		
주　소	경상북도 영덕군 ○○면 ○○로 ○○○,			직업	상업
전　화	(휴대폰) 010 - 1288 - 0000				
입증하려는 내　용	위 ○○○은 진정인의 친구로서 피진정인에게 메신저피싱을 당한 사실에 대하여 구체적으로 잘 알고 있어 이를 입증하고자 합니다.				

2. 증거서류

순번	증　거	작성자	제출 유무	
1	송금영수증	진정인	■ 접수시 제출	□ 수사 중 제출
2	문자메시지	진정인	■ 접수시 제출	□ 수사 중 제출
3			□ 접수시 제출	□ 수사 중 제출
4			□ 접수시 제출	□ 수사 중 제출
5			□ 접수시 제출	□ 수사 중 제출

3. 증거물

순번	증　거	소유자	제출 유무	
1	문자메시지	진정인	■ 접수시 제출	□ 수사 중 제출
2			□ 접수시 제출	□ 수사 중 제출
3			□ 접수시 제출	□ 수사 중 제출
4			□ 접수시 제출	□ 수사 중 제출
5			□ 접수시 제출	□ 수사 중 제출

4. 기타증거

　　추후 필요에 따라 제출하겠습니다.

다, 고소장

위 사안에 대한 고소장은 다음과 같이 작성하시면 됩니다.

고　　　소　　　장

고　소　인 :　○　　　○　　　○

피　고　소　인 :　○　　　○　　　○

경상북도 영덕경찰서장 귀중

고 소 장

1. 고 소 인

성 명	○ ○ ○		주민등록번호	생략
주 소	경상북도 영덕군 영덕읍 ○○로 ○○, 수산시장 ○호			
직 업	생략	사무실 주 소	생략	
전 화	(휴대폰) 010 - 2388 - 0000			
대리인에 의한 고 소	☐ 법정대리인 (성명 : , 연락처) ☐ 고소대리인 (성명 : 변호사, 연락처)			

2. 피고소인

성 명	무지		주민등록번호	무지
주 소	무지			
직 업	무지	사무실 주 소	무지	
전 화	(휴대폰) 010 - 8823 - 0000 계좌번호 농협은행 ○○ ○-○○-○○○-○○			
기타사항	고소인과의 관계 - 친·인척관계 없습니다.			

3. 고소취지

고소인은 피고소인에 관하여 다음과 같이 형법 제347조 제1항 사기죄로 고소
하오니 법에 준엄함을 깨달을 수 있도록 철저히 수사하여 엄벌에 처해 주시기
바랍니다.

4. 범죄사실

(1) 사건의 경위 및 피고소인의 메신저피싱 사기

○ 고소인은 경상북도 영덕군 영덕읍 ○○로 ○○, 소재에 있는 수산시장에서 영업을 하고 있는데 스마트폰으로 메신저 메시지를 확인하던 중, 친구로부터 ○○○○. ○○. ○○. 15:20경 "갑자기 가족이 아파서 급전이 필요하니 300만 원을 잠시 빌려주면 5일후 갚아 주겠다."라는 메시지를 받고 아무 의심 없이 친구에게 알았다고 하자 친구는 고맙고 자신의 계좌번호를 메신저로 보내주는 바람에 아무런 의심도 하지 않고 돈을 송금했습니다.

○ 고소인은 메신저피싱을 당했다는 사실을 모르고 있다가 친구가 돈을 갚지 않아 친구에게 전화하여 뒤늦게야 알았습니다.

○ 이는 피고소인이 친구의 메신저 아이디와 비밀번호를 알아내어 접속한 후, 위 돈을 송금 받아 가로 챈 것입니다.

○ 바로 해당은행으로 가서 피고소인이 불러 준 위 계좌번호에 지급정지를 하려고 했는데 이미 피고소인은 고소인이 보낸 돈을 모두 인출한 상태였습니다.

○ 이에 고소인이 피고소인으로부터 메신저피싱 사기를 당한 것으로 알게 되어 전술한 바와 같이 피고소인을 고소하게 되었습니다.

(2) 결론

피고소인의 이 같은 행위는 메신저피싱 사기죄에 해당되므로 고소인은 피고소인을 형법 제347조 제1항 사기죄로 고소하오니 부디 피고소인을 철저히 조사하여 엄벌에 처하여 주시기 바랍니다.

5.증거자료

□ 고소인은 고소인의 진술 외에 제출할 증거가 없습니다.

■ 고소인은 고소인의 진술 외에 제출할 증거가 있습니다.

☞ 제출할 증거의 세부내역은 별지를 작성하여 첨부합니다.

6.관련사건의 수사 및 재판여부

① 중복 고소여부	본 고소장과 같은 내용의 고소장을 다른 검찰청 또는 경찰서에 제출하거나 제출하였던 사실이 있습니다 □ / 없습니다 ■
② 관련 형사사건 수사유무	본 고소장에 기재된 범죄사실과 관련된 사건 또는 공범에 대하여 검찰청이나 경찰서에서 수사 중에 있습니다 □ / 수사 중에 있지 않습니다 ■
③ 관련 민사소송 유무	본 고소장에 기재된 범죄사실과 관련된 사건에 대하여 법원에서 민사소송 중에 있습니다 □ / 민사소송 중에 있지 않습니다 ■

7.기타

본 고소장에 기재한 내용은 고소인이 알고 있는 지식과 경험을 바탕으로 모두 사실대로 작성하였으며, 만일 허위사실을 고소하였을 때에는 형법 제156조 무고죄로 처벌받을 것임을 아울러 서약합니다.

○○○○ 년 ○○ 월 ○○ 일

위 고소인 : ○ ○ ○ (인)

경상북도 영덕경찰서장 귀중

별지 : 증거자료 세부 목록

　　(범죄사실 입증을 위해 제출하려는 증거에 대하여 아래 각 증거별로 해당
　　난을 구체적으로 작성해 주시기 바랍니다)

1. 인적증거

성　명	○ ○ ○	주민등록번호		생략	
주　소	경상북도 영덕군 ○○면 ○○로 ○○○,		직업	상업	
전　화	(휴대폰) 010 - 4678 - 9986				
입증하려는 내　용	위 ○○○은 고소인의 친구로서 피고소인에게 메신저피싱을 당한 사실에 대하여 구체적으로 잘 알고 있어 이를 입증하고자 합니다.				

2. 증거서류

순번	증　거	작성자	제출 유무
1	송금영수증	고소인	■ 접수시 제출　　□ 수사 중 제출
2	문자메시지	고소인	■ 접수시 제출　　□ 수사 중 제출
3			□ 접수시 제출　　□ 수사 중 제출
4			□ 접수시 제출　　□ 수사 중 제출
5			□ 접수시 제출　　□ 수사 중 제출

3. 증거물

순번	증　거	소유자	제출 유무
1	문자메시지	고소인	■ 접수시 제출　　□ 수사 중 제출
2			□ 접수시 제출　　□ 수사 중 제출
3			□ 접수시 제출　　□ 수사 중 제출
4			□ 접수시 제출　　□ 수사 중 제출
5			□ 접수시 제출　　□ 수사 중 제출

4. 기타증거

　　추후 필요에 따라 제출하겠습니다.

제2절 인터넷 금융사기 대출빙자 사기 사례

2. ○○은행의 직원을 사칭하는 범인으로부터 고금리의 대출을 일정기간 사용하면 저금리 대출로 전환해 주겠다는 전화를 받고, 전화 내용에 현혹된 ○○대부 및 ○○저축은행에 대출을 신청하여 총 ○,○○○만 원의 대출을 받았고, 대환대출을 위해서 필요하다고 해서 범인의 요구에 따라 계좌(대포통장)로 대출금을 입금하였으나 대환대출은 이뤄지지 않았고, 범인은 ○,○○○만 원을 인출하여 편취한 경우

가, 판단

피고소인의 행위는 고금리의 대출을 일정기간 사용하면 저금리 대출로 전환해 주겠다고 속이고 ○○대부 및 ○○저축은행에 대출을 신청하여 총 ○,○○○만 원의 대출을 받고, 대환대출을 위해서 필요하다며 피고소인이 요구하는 계좌(대포통장)로 대출금을 입금하였으나 대환대출은 이뤄지지 않았고, 피고소인은 ○,○○○만 원을 인출하여 편취한 것으로 요약할 수 있습니다.

피고소인의 행위는 고소인에게 대출을 빙자하여 고소인의 명의로 대출받고 범행에 동원된 대포통장으로 다시 송금 받아 이를 편취한 것이므로 형법 제347조 제1항 사기죄로 의율하는 것이 타당하다 할 것입니다.

고소인이 범인의 계좌로 송금한 것이므로 범행에 동원된 계좌명의를 대여한 것인 경우 그 계좌명의인에 대해서도 대포통장 거래 시 전자금융거래법 제6조(접근매체의 선정과 사용 및 관리) 제3항 및 제49조(벌칙) 제4항에 근거하여 형사 처벌됩니다.

대가의 수수가 없더라도 대포통장 명의인에 대한 처벌이 가능해졌고, 대포통장을 보관·전달·유통하는 행위까지도 금지되어 있습니다.

나, 진정서

위 사안에 대한 진정서는 다음과 같이 작성하시면 됩니다.

진   정   서

진 정 인 :   ○   ○   ○

피 진 정 인 :   ○   ○   ○

충청북도 영동경찰서장 귀중

진 정 서

1. 진 정 인

성 명	○ ○ ○	주민등록번호	생략
주 소	충청북도 영동군 황간면 ○○로 ○○, ○○○호		
직 업	생략	사무실 주 소	생략
전 화	(휴대폰) 010 - 4456 - 0000		
대리인에 의한 진 정	□ 법정대리인 (성명 : , 연락처) □ 진정대리인 (성명 : 변호사, 연락처)		

2. 피진정인

성 명	무지	주민등록번호	무지
주 소	무지		
직 업	무지	사무실 주 소	무지
전 화	(휴대폰) 010 - 5123 - 0000 계좌번호 우리은행 ○○ ○-○○-○○○-○○		
기타사항	진정인과의 관계 - 친·인척관계 없습니다.		

3. 진정취지

진정인은 피진정인에 관하여 다음과 같이 형법 제347조 제1항 사기죄로 진정
하오니 법에 준엄함을 깨달을 수 있도록 철저히 수사하여 엄벌에 처해 주시기
바랍니다.

4. 진정원인

(1) 사건의 경위 및 피진정인의 대출빙자 사기

○ 진정인은 충청북도 영동군 황간면 ○○로 ○○, 소재에서 농업에 종사하고 있는바, ○○○○. ○○. ○○. 13:50경 피진정인이 휴대전화 ○○○-○○○○-○○○○번호로 문제메시지가 왔는데 피진정인이 ○○은행의 직원이라며 고금리의 대출을 일정기간 사용하면 저금리 대출로 전환해 주겠다는 내용에 현혹되어 피진정인에게 진정인의 인적사항을 알려주자 피진정인이 진정인의 명의로 ○○대부 및 ○○저축은행에 대출을 신청하여 총 ○,○○○만 원의 대출을 받았는데 피진정인이 대환대출을 하려면 대출받은 위 금액을 다른 실적이 좋은 통장으로 이전해야 한다고 해서 피진정인이 불러주는 우리은행 ○○-○○○-○○-○○○계좌(대포통장)로 위 대출금을 입금하였으나 대환대출은 이뤄지지 않았고, 피진정인은 위 대출금 ○,○○○만 원을 인출하여 잠적하였습니다.

○ 진정인은 바로 해당은행으로 가서 피진정인이 불러 준 위 계좌번호에 지급정지를 하려고 했는데 이미 피진정인은 진정인이 보낸 위 대출금을 모두 인출한 상태였습니다.

○ 이에 진정인이 피진정인으로부터 대출빙자 사기를 당한 것으로 알게 되어 전술한 바와 같이 피진정인을 진정하게 되었습니다.

(2) 결론

피진정인의 이 같은 행위는 대출빙자 사기에 해당되므로 진정인은 피진정인을 형법 제347조 제1항 사기죄로 진정하오니 부디 피진정인을 철저히 조사하여 엄벌에 처하여 주시기 바랍니다.

5.증거자료

□ 진정인은 진정인의 진술 외에 제출할 증거가 없습니다.

■ 진정인은 진정인의 진술 외에 제출할 증거가 있습니다.

☞ 제출할 증거의 세부내역은 별지를 작성하여 첨부합니다.

6.관련사건의 수사 및 재판여부

① 중복 고소여부	본 진정서와 같은 내용의 고소장을 다른 검찰청 또는 경찰서에 제출하거나 제출하였던 사실이 있습니다 □ / 없습니다 ■
② 관련 형사사건 수사유무	본 진정서에 기재된 범죄사실과 관련된 사건 또는 공범에 대하여 검찰청이나 경찰서에서 수사 중에 있습니다 □ / 수사 중에 있지 않습니다 ■
③ 관련 민사소송 유무	본 진정서에 기재된 범죄사실과 관련된 사건에 대하여 법원에서 민사소송 중에 있습니다 □ / 민사소송 중에 있지 않습니다 ■

7.기타

본 진정서에 기재한 내용은 진정인이 알고 있는 지식과 경험을 바탕으로 모두 사실대로 작성하였습니다.

○○○○ 년 ○○ 월 ○○ 일

위 진정인 : ○ ○ ○   (인)

충청북도 영동경찰서장 귀중

별지 : 증거자료 세부 목록

　　　(범죄사실 입증을 위해 제출하려는 증거에 대하여 아래 각 증거별로 해당

　　　난을 구체적으로 작성해 주시기 바랍니다)

1. 인적증거

성 명	○ ○ ○	주민등록번호		생략	
주 소	충청북도 영동군 ○○면 ○○로 ○○○,			직업	농업
전 화	(휴대폰) 010 - 4678 - 0000				
입증하려는 내 용	위 ○○○은 진정인과 농업에 종사하면서 피진정인에게 진정인이 대출빙자 사기를 당한 사실에 대하여 구체적으로 잘 알고 있어 이를 입증하고자 합니다.				

2. 증거서류

순번	증 거	작성자	제출 유무	
1	계좌이체수증	진정인	■ 접수시 제출	□ 수사 중 제출
2	문자메시지	진정인	■ 접수시 제출	□ 수사 중 제출
3			□ 접수시 제출	□ 수사 중 제출
4			□ 접수시 제출	□ 수사 중 제출
5			□ 접수시 제출	□ 수사 중 제출

3. 증거물

순번	증 거	소유자	제출 유무	
1	문자메시지	진정인	■ 접수시 제출	□ 수사 중 제출
2			□ 접수시 제출	□ 수사 중 제출
3			□ 접수시 제출	□ 수사 중 제출
4			□ 접수시 제출	□ 수사 중 제출
5			□ 접수시 제출	□ 수사 중 제출

4. 기타증거

　　　추후 필요에 따라 제출하겠습니다.

다, 고소장

위 사안에 대한 고소장은 다음과 같이 작성하시면 됩니다.

고   소   장

고 소 인 : ○   ○   ○

피 고 소 인 : ○   ○   ○

충청북도 영동경찰서장 귀중

고 소 장

1. 고 소 인

성 명	○ ○ ○	주민등록번호	생략
주 소	충청북도 영동군 황간면 ○○로 ○○, ○○○호		
직 업	생략	사무실 주 소	생략
전 화	(휴대폰) 010 - 4456 - 0000		
대리인에 의한 고 소	☐ 법정대리인 (성명 : , 연락처) ☐ 고소대리인 (성명 : 변호사, 연락처)		

2. 피고소인

성 명	무지	주민등록번호	무지
주 소	무지		
직 업	무지	사무실 주 소	무지
전 화	(휴대폰) 010 - 5123 - 0000 계좌번호 우리은행 ○○ ○-○○-○○○-○○		
기타사항	고소인과의 관계 - 친·인척관계 없습니다.		

3. 고소취지

고소인은 피고소인에 관하여 다음과 같이 형법 제347조 제1항 사기죄로 고소하오니 법에 준엄함을 깨달을 수 있도록 철저히 수사하여 엄벌에 처해 주시기 바랍니다.

4. 범죄사실

(1) 사건의 경위 및 피고소인의 대출빙자 사기

○ 고소인은 충청북도 영동군 황간면 ○○로 ○○, 소재에서 농업에 종사하고 있는바, ○○○○. ○○. ○○. 13:50경 피고소인이 휴대전화 ○○○-○○○○-○○○○번호로 문제메시지가 왔는데 피고소인이 ○○은행의 직원이라며 고금리의 대출을 일정기간 사용하면 저금리 대출로 전환해 주겠다는 내용에 현혹되어 피고소인에게 고소인의 인적사항을 알려주자 피고소인이 고소인의 명의로 ○○대부 및 ○○저축은행에 대출을 신청하여 총 ○,○○○만 원의 대출을 받았는데 피고소인이 대환대출을 하려면 대출받은 위 금액을 다른 실적이 좋은 통장으로 이전해야 한다고 해서 피고소인이 불러주는 우리은행 ○○-○○○-○○-○○○계좌(대포통장)로 위 대출금을 입금하였으나 대환대출은 이뤄지지 않았고, 피고소인은 위 대출금 ○,○○○만 원을 인출하여 잠적하였습니다.

○ 고소인은 바로 해당은행으로 가서 피고소인이 불러 준 위 계좌번호에 지급정지를 하려고 했는데 이미 피고소인은 고소인이 보낸 위 대출금을 모두 인출한 상태였습니다.

○ 이에 고소인이 피고소인으로부터 대출빙자 사기를 당한 것으로 알게 되어 전술한 바와 같이 피고소인을 고소하게 되었습니다.

(2) 결론

피고소인의 이 같은 행위는 대출빙자 사기에 해당되므로 고소인은 피고소인을 형법 제347조 제1항 사기죄로 고소하오니 부디 피고소인을 철저히 조사하여 엄벌에 처하여 주시기 바랍니다.

5.증거자료

□ 고소인은 고소인의 진술 외에 제출할 증거가 없습니다.

■ 고소인은 고소인의 진술 외에 제출할 증거가 있습니다.

☞ 제출할 증거의 세부내역은 별지를 작성하여 첨부합니다.

6.관련사건의 수사 및 재판여부

① 중복 고소여부	본 고소장과 같은 내용의 고소장을 다른 검찰청 또는 경찰서에 제출하거나 제출하였던 사실이 있습니다 □ / 없습니다 ■
② 관련 형사사건 수사유무	본 고소장에 기재된 범죄사실과 관련된 사건 또는 공범에 대하여 검찰청이나 경찰서에서 수사 중에 있습니다 □ / 수사 중에 있지 않습니다 ■
③ 관련 민사소송 유무	본 고소장에 기재된 범죄사실과 관련된 사건에 대하여 법원에서 민사소송 중에 있습니다 □ / 민사소송 중에 있지 않습니다 ■

7.기타

본 고소장에 기재한 내용은 고소인이 알고 있는 지식과 경험을 바탕으로 모두 사실대로 작성하였으며, 만일 허위사실을 고소하였을 때에는 형법 제156조 무고죄로 처벌받을 것임을 아울러 서약합니다.

○○○○ 년 ○○ 월 ○○ 일

위 고소인 : ○　○　○　　(인)

충청북도 영동경찰서장 귀중

별지 : 증거자료 세부 목록

　　　(범죄사실 입증을 위해 제출하려는 증거에 대하여 아래 각 증거별로 해당
　　　난을 구체적으로 작성해 주시기 바랍니다)

1. 인적증거

성　명	○ ○ ○	주민등록번호	생략		
주　소	충청북도 영동군 ○○면 ○○로 ○○○,			직업	농업
전　화	(휴대폰) 010 - 4678 - 0000				
입증하려는 내　용	위 ○○○은 고소인과 농업에 종사하면서 피고소인에게 고소인이 대출빙자 사기를 당한 사실에 대하여 구체적으로 잘 알고 있어 이를 입증하고자 합니다.				

2. 증거서류

순번	증　거	작성자	제출 유무	
1	계좌이체수증	고소인	■ 접수시 제출	□ 수사 중 제출
2	문자메시지	고소인	■ 접수시 제출	□ 수사 중 제출
3			□ 접수시 제출	□ 수사 중 제출
4			□ 접수시 제출	□ 수사 중 제출
5			□ 접수시 제출	□ 수사 중 제출

3. 증거물

순번	증　거	소유자	제출 유무	
1	문자메시지	고소인	■ 접수시 제출	□ 수사 중 제출
2			□ 접수시 제출	□ 수사 중 제출
3			□ 접수시 제출	□ 수사 중 제출
4			□ 접수시 제출	□ 수사 중 제출
5			□ 접수시 제출	□ 수사 중 제출

4. 기타증거

　　　추후 필요에 따라 제출하겠습니다.

제6장 유사수신행위 사기

유사수신행위의 규제에 관한 법률에 의하면 다른 법령에 따른 인가·허가를 받지 아니하거나 등록·신고 등을 하지 아니하고 불특정 다수인으로부터 자금을 조달하는 것을 업으로 하는 행위를 유사수신행위라고 하며, 이를 가리켜 '불법자금조달' 이라고 합니다.

고금리나 고수익을 보장하겠다는 미끼로 투자를 권유하는 불법행위를 '유사수신행위' 라고 합니다. 유사수신행위는 유사수신행위의 규제에 관한 법률에서 금지되어 있습니다. 유사수신행위의 규제에 관한 법률에서 규정된 정의와 처벌에 대한 규정은 다음과 같습니다. 이 법의 제2조에서는 유사수신행위의 정의는 다른 법령에 따른 인가·허가를 받지 아니하거나 등록·신고 등을 하지 아니하고 불특정 다수인으로부터 자금을 조달하는 것을 업으로 하는 행위로서 다음 각 호의 어느 하나에 해당하는 행위를 말한다고 밝히고 있습니다. 1. 장래에 출자금의 전액 또는 이를 초과하는 금액을 지급할 것을 약정하고 출자금을 받는 행위, 2. 장래에 원금 전액 또는 이를 초과하는 금액을 지급할 것을 약정하고 예금·적금·부금·예탁금 등의 명목으로 금전을 받는 행위, 3. 장래에 발행가액 또는 매출가액 이상으로 재매입할 것을 약정하고 사채를 발행하거나 매출하는 행위, 4. 장래의 경제적 손실을 금전이나 유가증권으로 보전하여 줄 것을 약정하고 회비 등의 명목으로 금전을 받는 행위, 이 법의 제3조에서는 유사수신행위의 금지하고 있는데 누구든지 유사수신행위를 하여서는 안 된다고 규정하고 있습니다. 이 법의 제6조에서는 벌칙을 두고 있는데 제3조 유사수신행위의 금지를 위반하여 유사수신행위를 한 자는 5년 이하의 징역 또는 5,000만 원 이하의 벌금에 처하도록 규정하고 있습니다.

말하자면 유사수신행위는 고금리를 보장하겠다며 투자를 권유하고 자금을 유치하는 무허가 또는 무등록 투자업체들에 대한 전형적인 영업형태가 불법 유사수신행위에 해당합니다.

나아가 이는 자본시장과 금융투자 업에 관한 법률위반에도 해당됩니다.

　　유사수신행위도 피해자를 기망하여 범행이 이루어진 것이므로 형법 제347조 사기죄가 성립합니다.

　　형법 제347조(사기) 제1항은 "사람을 기망하여 재물의 교부를 받거나 재산상의 이익을 취득한 자는 10년 이하의 징역 또는 2천만 원 이하의 벌금에 처한다" 고 규정하고 있습니다.

　　제2항 제1항의 방법을 제3자로 하여금 재물의 교부를 받게 하거나 재산상의 이익을 취득하게 한 때에는 전항의 형과 같이 처벌하는 범죄입니다.

　　특정재산범죄의 가중처벌법 제3조 제1항 형법 제347조(사기), 제347조의2(컴퓨터등 사용사기), 제350조(공갈), 제350조의2(특수공갈), 제351조(제34 7조, 제347조의2, 제350조 및 제350조의2의 상습범만 해당한다), 제355조(횡령·배임) 또는 제356조(업무상의 횡령과 배임)의 죄를 범한 사람은 그 범죄행위로 인하여 취득하거나 제3자로 하여금 취득하게 한 재물 또는 재산상 이익의 가액(이하 이 조에서 "이득 액" 이라 한다)이 5억 원 이상일 때에는 다음 각 호의 구분에 따라 가중처벌 합니다.

　　1. 이득 액이 50억 원 이상일 때 : 무기 또는 5년 이상의 징역
　　2. 이득 액이 5억 원 이상 50억 원 미만일 때 : 3년 이상의 유기징역

　　제2항 제1항의 경우 이득 액 이하에 상당하는 벌금을 병과할 수 있습니다.

　　그러므로 유사수신행위 사기죄는 재산 죄 중 재물죄인 동시에 이익 죄에 해당하고 타의 범죄에 비하여 가중범죄에 해당하는 것은 유

사수신행위 사기의 경우 그 피해금액이 고액이기 때문입니다.

　　유사수신행위의 규제에 관한 법률을 위반하여 어떤 투자나 허위성 광고를 하였는지 반드시 기재하여야 하며, 가급적이면 수사의 초점을 분산시킬 수 있는 내용은 최대한 줄이는 것이 좋습니다.

　　투자원금과 이에 따른 이익금을 교부하겠다고 하면서 출자금을 모집하는 유사수신행위의 경우 기본적으로 변제할 의사나 능력이 없으면서 출자를 유치하는 것이 대부분이므로 불특정 인으로부터 투자금을 모으는 행위를 하면 유사수신행위의 규제에 관한 법률위반과 별도로 피해금액이 5억 원 미만의 경우 형법 제347조 사기죄가 성립하고, 5억 원 이상의 경우 특정재산범죄의 가중처벌법 제3조 제1항에 의하여 가중 처벌합니다.

제1절 유사수신행위 사기 사례

1. 피고소인의 회사에서 생산하는 첨가제에 투자 금 명목으로 돈을 투자하면 1년 안에 고소인이 투자한 원금을 상환하고 그 외에 고율의 이자를 지급하겠다고 약정하고 고소인으로부터 금 3억 원을 유치하였고 처음부터 고소인에 대한 투자원금과 이에 따른 이익금을 교부할 의사와 능력이 없었으면서 마치 첨가제를 생산하고 고수익을 창출해 지급할 것처럼 고소인을 기망하여 출자금 명목으로 유치하여 편취한 경우

가, 판단

피고소인의 행위는 첨가제에 투자 금 명목으로 돈을 투자하면 1년 안에 고소인이 투자한 원금을 상환하고 그 외에 고율의 이자를 지급하겠다고 금 3억 원을 유치하여 유사수신행위의 규제에 관한 법률을 위반하고, 처음부터 투자원금과 이에 따른 이익금을 교부할 의사와 능력이 없었으면서 마치 첨가제를 생산하고 고수익을 창출해 지급할 것처럼 거짓말하여 투자 금 명목으로 교부받아 이를 편취한 것으로 요약할 수 있습니다.

피고소인의 행위는 인가, 등록, 신고하지 않은 상태에서 투자금에 대한 원금보장, 고수익 보장 등으로 고소인으로 하여금 자금을 조달한 행위는 유사수신행위의 규제에 관한 법률위반으로 징역 5년 이하 또는 5,000만 원 이하의 벌금에 처할 수 있고 처음부터 투자원금과 이에 따른 이익금을 교부할 의사와 능력이 없었으면서 마치 첨가제를 생산하고 고수익을 창출해 지급할 것처럼 고소인을 속이고 투자 금을 교부받아 편취한 것이므로 형법 제347조 제1항 사기죄로 의율하는 것이 타당하다 할 것입니다.

나, 진정서

위 사안에 대한 진정서는 다음과 같이 작성하시면 됩니다.

진   정   서

진 정 인 : ○   ○   ○

피 진 정 인 : ○   ○   ○

경상북도 안동경찰서장 귀중

진   정   서

1. 진 정 인

성 명	○ ○ ○	주민등록번호	생략
주 소	경상북도 안동시 ○○로 ○길 ○○, ○○○-○○○호		
직 업	회사원	사무실 주 소	생략
전 화	(휴대폰) 010 - 6780 - 0000		
대리인에 의한 진 정	□ 법정대리인 (성명 : , 연락처) □ 진정대리인 (성명 : 변호사, 연락처)		

2. 피진정인

성 명	○ ○ ○	주민등록번호	무지
주 소	경상북도 안동시 ○○로○길 ○○, ○○○호		
직 업	무지	사무실 주 소	상동
전 화	(휴대폰) 010 - 1277 - 0000		
기타사항	진정인과의 관계 - 친·인척관계 없습니다.		

3. 진정취지

진정인은 피진정인에 관하여 다음과 같이 유사수신행위의 규제에 관한 법률위반 및 형법 제347조 제1항 사기죄로 진정하오니 법에 준엄함을 깨달을 수 있도록 철저히 수사하여 엄벌에 처해 주시기 바랍니다.

4. 진정원인

(1) 당사자 관계

    ○ 진정인은 주소지에 거주하며, 경상북도 안동시 ○○로 ○○, 소재에 있는 ○○주식회사 업무과장으로 근무하고 있고, 피진정인은 주소지에서 유사수신행위 금융미라미드 업체인 주식회사 ○○디앤씨의 최상위 판매원인 이사 직급의 판매원입니다.

(2) 유사수신행위

    ○ 피진정인은 ○○○○. ○○. ○○.부터 ○○○○. ○○. ○○.까지 총 11회에 걸쳐 피진정인의 회사에서 생산하는 첨가제에 대하여 투자금 명목으로 돈을 투자하면 1년 안에 진정인이 투자한 원금을 상환하고 그 외에 고율의 이자를 지급하겠다고 약정하고 진정인으로부터 금 3억 원을 교부받았습니다.

(3) 피진정인의 기망행위

    ○ 진정인이 위와 같이 피진정인에게 금 3억 원을 투자하자 한 달은 수익금이 들어와 의심을 끊을 놓게 되었는데 두 달부터 매달 약속한 금액이 들어오지 않아 사기를 당했구나 하고 진정인이 알아봤습니다.

    ○ 피진정인은 아무런 소득도 없었고, 첨가제를 생산한다는 것도 존재하지 않는 거짓말로 또 다른 피해자들로부터 유사수신행위로 자금을 끌어들여 돌려 막기 식으로 투자자들을 모집하고 있었습니다.

    ○ 피진정인은 처음부터 진정인에 대한 투자원금과 이에 따른 이익금을

교부할 의사와 능력이 없었으면서 마치 첨가제를 생산하여 고수익을 창출하여 지급할 것처럼 진정인을 속이고 출자금 명목으로 유치하여 편취한 것이므로 유사수신행위의 규제에 관한 법률위반을 별도로 형법 제347조 제1항 사기죄가 성립합니다.

(4) 결론

○ 이에 진정인은 피진정인을 유사수신행위의 규제에 관한 법률위반 및 형방 제347조 제1항 사기죄로 진정하오니 철저히 수사하여 피진정인에게 법에 준엄함을 깨달을 수 있도록 엄히 처벌하여 주시기 바랍니다.

5. 증거자료

□ 진정인은 진정인의 진술 외에 제출할 증거가 없습니다.

■ 진정인은 진정인의 진술 외에 제출할 증거가 있습니다.

☞ 제출할 증거의 세부내역은 별지를 작성하여 첨부합니다.

6. 관련사건의 수사 및 재판여부

① 중복 고소여부	본 진정서와 같은 내용의 고소장을 다른 검찰청 또는 경찰서에 제출하거나 제출하였던 사실이 있습니다 □ / 없습니다 ■
② 관련 형사사건 수사유무	본 진정서에 기재된 범죄사실과 관련된 사건 또는 공범에 대하여 검찰청이나 경찰서에서 수사 중에 있습니다 □ / 수사 중에 있지 않습니다 ■
③ 관련 민사소송 유무	본 진정서에 기재된 범죄사실과 관련된 사건에 대하여 법원에서 민사소송 중에 있습니다 □ / 민사소송 중에 있지 않습니다 ■

7. 기타

본 진정서에 기재한 내용은 진정인이 알고 있는 지식과 경험을 바탕으로 모두 사실대로 작성하였습니다.

○○○○ 년 ○○ 월 ○○ 일

위 진정인 : ○ ○ ○   (인)

경상북도 안동경찰서장 귀중

별지 : 증거자료 세부 목록

　　　(범죄사실 입증을 위해 제출하려는 증거에 대하여 아래 각 증거별로
　　　해당 난을 구체적으로 작성해 주시기 바랍니다)

1. 인적증거

성 명	○ ○ ○	주민등록번호	생략		
주 소	안동시 ○○로 ○길 ○○, ○○○호			직업	상업
전 화	(휴대폰) 010 - 7123 - 0000				
입증하려는 내 용	위 ○○○은 피진정인이 투자를 권유하여 진정인과 같이 돈을 교부한 사실이 있으므로 이를 입증하고자 합니다.				

2. 증거서류

순번	증 거	작성자	제출 유무	
1	약정서	진정인	■ 접수시 제출	□ 수사 중 제출
2	진술서	진정인	■ 접수시 제출	□ 수사 중 제출
3			□ 접수시 제출	□ 수사 중 제출
4			□ 접수시 제출	□ 수사 중 제출
5			□ 접수시 제출	□ 수사 중 제출

3. 증거물

순번	증 거	소유자	제출 유무	
1	약정서	진정인	■ 접수시 제출	□ 수사 중 제출
2			□ 접수시 제출	□ 수사 중 제출
3			□ 접수시 제출	□ 수사 중 제출
4			□ 접수시 제출	□ 수사 중 제출
5			□ 접수시 제출	□ 수사 중 제출

4. 기타증거

　　　추후 필요에 따라 제출하겠습니다.

다, 고소장

위 사안에 대한 고소장는 다음과 같이 작성하시면 됩니다.

고   소   장

고 소 인 : ○   ○   ○

피 고 소 인 : ○   ○   ○

경상북도 안동경찰서장 귀중

고   소   장

1. 고 소 인

성 명	○ ○ ○	주민등록번호	생략
주 소	경상북도 안동시 ○○로 ○길 ○○, ○○○-○○○호		
직 업	회사원	사무실 주 소	생략
전 화	(휴대폰) 010 - 6780 - 0000		
대리인에 의한 고 소	□ 법정대리인 (성명 : , 연락처) □ 고소대리인 (성명 : 변호사, 연락처)		

2. 피고소인

성 명	○ ○ ○	주민등록번호	무지
주 소	경상북도 안동시 ○○로○길 ○○, ○○○호		
직 업	무지	사무실 주 소	상동
전 화	(휴대폰) 010 - 1277 - 0000		
기타사항	고소인과의 관계 - 친·인척관계 없습니다.		

3. 고소취지

고소인은 피고소인에 관하여 다음과 같이 유사수신행위의 규제에 관한 법률위반 및 형법 제347조 제1항 사기죄로 고소하오니 법에 준엄함을 깨달을 수 있도록 철저히 수사하여 엄벌에 처해 주시기 바랍니다.

4.범죄사실

(1) 당사자 관계

○ 고소인은 주소지에 거주하며, 경상북도 안동시 ○○로 ○○, 소재에
있는 ○○주식회사 업무과장으로 근무하고 있고, 피고소인은 주소지
에서 유사수신행위 금융미라미드 업체인 주식회사 ○○디앤씨의 최
상위 판매원인 이사 직급의 판매원입니다.

(2) 유사수신행위

○ 피고소인은 ○○○○. ○○. ○○.부터 ○○○○. ○○. ○○.까지
총 11회에 걸쳐 피고소인의 회사에서 생산하는 첨가제에 대하여 투
자 금 명목으로 돈을 투자하면 1년 안에 고소인이 투자한 원금을 상
환하고 그 외에 고율의 이자를 지급하겠다고 약정하고 고소인으로부
터 금 3억 원을 교부받았습니다.

(3) 피고소인의 기망행위

○ 고소인이 위와 같이 피고소인에게 금 3억 원을 투자하자 한 달은 수
익금이 들어와 의심을 끊을 놓게 되었는데 두 달부터 매달 약속한 금
액이 들어오지 않아 사기를 당했구나 하고 고소인이 알아봤습니다.

○ 피고소인은 아무런 소득도 없었고, 첨가제를 생산한다는 것도 존재
하지 않는 거짓말로 또 다른 피해자들로부터 유사수신행위로 자금을
끌어들여 돌려 막기 식으로 투자자들을 모집하고 있었습니다.

○ 피고소인은 처음부터 고소인에 대한 투자원금과 이에 따른 이익금을
교부할 의사와 능력이 없었으면서 마치 첨가제를 생산하여 고수익을

창출하여 지급할 것처럼 고소인을 속이고 출자금 명목으로 유치하여 편취한 것이므로 유사수신행위의 규제에 관한 법률위반을 별도로 형법 제347조 제1항 사기죄가 성립합니다.

(4) 결론

○ 이에 고소인은 피고소인을 유사수신행위의 규제에 관한 법률위반 및 형방 제347조 제1항 사기죄로 고소하오니 철저히 수사하여 피고소인에게 법에 준엄함을 깨달을 수 있도록 엄히 처벌하여 주시기 바랍니다.

5. 증거자료

□ 고소인은 고소인의 진술 외에 제출할 증거가 없습니다.

■ 고소인은 고소인의 진술 외에 제출할 증거가 있습니다.

☞ 제출할 증거의 세부내역은 별지를 작성하여 첨부합니다.

6. 관련사건의 수사 및 재판여부

① 중복 고소여부	본 고소장과 같은 내용의 고소장을 다른 검찰청 또는 경찰서에 제출하거나 제출하였던 사실이 있습니다 □ / 없습니다 ■
② 관련 형사사건 수사유무	본 고소장에 기재된 범죄사실과 관련된 사건 또는 공범에 대하여 검찰청이나 경찰서에서 수사 중에 있습니다 □ / 수사 중에 있지 않습니다 ■
③ 관련 민사소송 유무	본 고소장에 기재된 범죄사실과 관련된 사건에 대하여 법원에서 민사소송 중에 있습니다 □ / 민사소송 중에 있지 않습니다 ■

7. 기타

본 고소장에 기재한 내용은 고소인이 알고 있는 지식과 경험을 바탕으로 모두 사실대로 작성하였으며, 만일 허위사실을 고소하였을 때에는 형법 제 156조 무고죄로 처벌받을 것임을 아울러 서약합니다.

○○○○ 년 ○○ 월 ○○ 일

위 고소인 : ○　　○　　○　　（인）

경상북도 안동경찰서장 귀중

별지 : 증거자료 세부 목록

(범죄사실 입증을 위해 제출하려는 증거에 대하여 아래 각 증거별로
해당 난을 구체적으로 작성해 주시기 바랍니다)

1. 인적증거

성 명	○ ○ ○	주민등록번호	생략		
주 소	안동시 ○○로 ○길 ○○, ○○○호			직업	상업
전 화	(휴대폰) 010 - 7123 - 0000				
입증하려는 내 용	위 ○○○은 피고소인이 투자를 권유하여 고소인과 같이 돈을 교부한 사실이 있으므로 이를 입증하고자 합니다.				

2. 증거서류

순번	증 거	작성자	제출 유무	
1	약정서	고소인	■ 접수시 제출	□ 수사 중 제출
2	진술서	고소인	■ 접수시 제출	□ 수사 중 제출
3			□ 접수시 제출	□ 수사 중 제출
4			□ 접수시 제출	□ 수사 중 제출
5			□ 접수시 제출	□ 수사 중 제출

3. 증거물

순번	증 거	소유자	제출 유무	
1	약정서	고소인	■ 접수시 제출	□ 수사 중 제출
2			□ 접수시 제출	□ 수사 중 제출
3			□ 접수시 제출	□ 수사 중 제출
4			□ 접수시 제출	□ 수사 중 제출
5			□ 접수시 제출	□ 수사 중 제출

4. 기타증거

추후 필요에 따라 제출하겠습니다.

제2절 유사수신행위 사기 사례

2. 작년에 사업을 시작한 회사인데 규모가 크고 질 좋은 상품을 대량으로 구입하여 싸게 파는 회사라고 선전을 하면서 자신의 회사에 등록을 하고 투자를 하면 많은 이익을 보장하겠다고 속이고 투자 금 명목으로 교부받아 편취한 경우

가. 판단

피고소인의 행위는 상품을 대량으로 구입하여 싸게 파는 회사라고 선전을 하면서 자신의 회사에 등록을 하고 투자를 하면 고수익을 창출해 지급할 것처럼 거짓말하여 투자 금 명목으로 교부받아 이를 편취한 것으로 요약할 수 있습니다.

피고소인의 행위는 인가, 등록, 신고하지 않은 상태에서 투자 금에 대한 원금보장, 고수익 보장 등으로 고소인으로 하여금 자금을 조달한 행위는 유사수신행위의 규제에 관한 법률위반으로 징역 5년 이하 또는 5,000만 원 이하의 벌금에 처할 수 있습니다.

처음부터 투자원금과 이에 따른 이익금을 교부할 의사와 능력이 없었으면서 마치 상품을 대량으로 싸게 판매하여 고수익을 창출해 지급할 것처럼 고소인을 속이고 투자 금을 교부받아 편취한 것이므로 유사수신행위 규제에 관한 법률위반과는 별도로 형법 제347조 제1항 사기죄로 의율하는 것이 타당하다 할 것입니다.

나, 진정서

위 사안에 대한 진정서는 다음과 같이 작성하시면 됩니다.

진   정   서

진 정 인 :   ○   ○   ○

피 진 정 인 :   ○   ○   ○

광주시 서부경찰서장 귀중

진 정 서

1. 진 정 인

성 명	○ ○ ○	주민등록번호		생략
주 소	광주시 ○○구 ○○로 ○○길 ○○○, ○○○호			
직 업	생략	사무실 주 소	생략	
전 화	(휴대폰) 010 - 2999 - 0000			
대리인에 의한 진 정	☐ 법정대리인 (성명 : , 연락처) ☐ 진정대리인 (성명 : 변호사, 연락처)			

2. 피진정인

성 명	○ ○ ○	주민등록번호		생략
주 소	광주시 ○○구 ○○로○○길 ○○, ○○○			
직 업	무지	사무실 주 소	생략	
전 화	(휴대폰) 010 - 1288 - 0000			
기타사항	진정인과의 관계 - 친·인척관계 없습니다.			

3. 진정취지

진정인은 피진정인에 관하여 다음과 같이 유사수신행위의 규제에 관한 법률위반 및 형법 제347조 제1항 사기죄로 진정하오니 법에 준엄함을 깨달을 수 있도록 철저히 수사하여 엄벌에 처해 주시기 바랍니다.

4. 진정원인

(1) 당사자 관계

○ 진정인은 주소지에 거주하는 주부로서 피진정인은 주소지에서 소위 말하는 다단계 판매회사의 ○○팀장으로 호칭되는 자입니다.

(2) 이 사건의 경위

1. 진정인은 진정인과 잘 아는 진정 외 ○○○의 처 성명불상자의 소개로 피진정인을 소개받아 알게 되었고, 피진정인은 그의 부친 ○○○과 다단계 판매회사에서 ○○팀장의 직함으로 일을 하고 있습니다.

2. 진정인은 같은 피해자인 진정 외 ◎◎◎이 진정인에게(우리친구 피진정인의 아버지)가 ○○에 놀러가자고 하니 바람도 쪼일 겸 같이 가자면서 친구가 있으면 데리고 와도 좋다고 함으로 영문도 모르고 ○○○○. ○○. ○○. 일행 ○명과 함께 약속한 장소로 갔더니 미리 준비된 관광버스에 사람들이 타고 있어 진정인 일행도 같이 타고 ○○에 도착하자 어디서 왔는지 여러 대의 관광버스에 다른 사람들이 타고 와 있었습니다.

3. 그곳 ○○에서 버스를 타고 온 많은 사람들을 모아 놓고 위 회사 간부라는 사람이 우리 회사는 작년에 사업을 시작한 회사인데 규모가 크고 질 좋은 상품을 대량으로 구입하여 싸게 파는 회사라고 선전을 하면서 자신의 회사에 등록을 하고 투자를 하면 많은 이익이 있다는 취지로 말하며 투자자를 모집하는 내용으로 선전에 열을 올리고 하루를 무료로 관광을 시켜주어 돌아온 사실이 있습니다.

4. 피진정인은 얼마 후인 같은 해 ○○.하순경, 자신의 사무실로 진정인을 불러 갔더니 진정인에게 우리 회사는 ○○에서 설명한 것처럼 좋은 회사인데 회사에 돈을 투자하면 투자 금에 대한 이자는 월 5부 정도이고 원금은 투자한 날로부터 3개월 되면 투자자가 원할시 전액

되돌려 받을 수 있고, 대신 이자는 투자 금으로 그대로 두면 그 돈이 또 이자가 붙어 뭉칫돈이 될 수 있을 뿐만 아니라 회사에서 싼값에 물건을 구입할 수 있고, 해외여행도 보내주는 혜택을 누릴 수 있다면서, 우리 아버지 친구(○○○)도 투자하고 있고, 우리 아버지 이모 등 가족들이 모두 투자하고 있다면서, 아주머니도 내 말을 믿고 투자하면 위에서 말한 대로 틀림없다고 하면서 투자할 뜻이 있으면 내가 팀장이니까 내 계좌로 송금해 달라고 하면서 나도 처음에 50,000,000원 투자해서 곱이 불어났다고 함으로 그 말을 진실로 믿고 같은 해 ○○. ○○ 피진정인의 계좌로 금 ○○○만 원, 같은 해 ○○. ○. 같은 방법으로 금 ○,○○○만 원, 같은 달 ○○. 금 ○,○○○만 원, ○○○○. ○○. ○○. 금 ○,○○○만 원 등 4회에 걸쳐 모두 금 ○,○○○만 원을 피진정인에게 송금한 바 있습니다.

5. 피진정인은 위와 같은 진정인으로부터 송금을 받고 진정인에게 통장을 만들어 그 계좌번호를 알려달라고 하여 부랴부랴 국민은행에서 진정인의 보통예금 통장을 개설하여 계좌번호를 알려준바 있고, 투자한지 3개월이 지나 원금을 돌려달라고 하였더니 이자에 대하여는 일언반구 말도 없이 ○○○○. ○○. ○○.까지 ○회에 걸쳐 모두 ○,○○○만 원만 변제하고, 금 ○,○○○만 원을 회사 사정이 어렵다는 이유로 변제하지 않고 있습니다.

6. 피진정인의 위와 같은 행위는 당초부터 진정인에게 투자 금 명목으로 돈을 받고 투자 금에 대하여 월 5부 이자로 계산하여 3개월 만에 원금을 돌려주고 투자 금에 대한 이자는 이를 재투자 금으로 하여 뭉칫돈을 만들어 줄 의사나 능력이 전혀 없으면서 위와 같이 진정인을 속여 금원을 편취하였습니다.

(3) 결론

피진정인의 이 같은 행위는 유사수신행위의 규제에 관한 법률위반죄를 별도 사기죄에 해당되므로 진정인은 피진정인을 유사수신행위의 규제에 관한 법률위반 및 형법 제347조 제1항 사기죄로 진정하오니 피진정인을 철저히 조사하여 엄벌에 처하여 주시기 바랍니다.

5. 증거자료

□ 진정인은 진정인의 진술 외에 제출할 증거가 없습니다.

■ 진정인은 진정인의 진술 외에 제출할 증거가 있습니다.

☞ 제출할 증거의 세부내역은 별지를 작성하여 첨부합니다.

6. 관련사건의 수사 및 재판여부

① 중복 고소여부	본 진정서와 같은 내용의 고소장을 다른 검찰청 또는 경찰서에 제출하거나 제출하였던 사실이 있습니다 □ / 없습니다 ■
② 관련 형사사건 수사유무	본 진정서에 기재된 범죄사실과 관련된 사건 또는 공범에 대하여 검찰청이나 경찰서에서 수사 중에 있습니다 □ / 수사 중에 있지 않습니다 ■
③ 관련 민사소송 유무	본 진정서에 기재된 범죄사실과 관련된 사건에 대하여 법원에서 민사소송 중에 있습니다 □ / 민사소송 중에 있지 않습니다 ■

7. 기타

본 진정서에 기재한 내용은 진정인이 알고 있는 지식과 경험을 바탕으로 모두 사실대로 작성하였습니다.

○○○○ 년 ○○ 월 ○○ 일

위 진정인 : ○   ○   ○   (인)

광주시 서부경찰서장 귀중

별지 : 증거자료 세부 목록

　　　(범죄사실 입증을 위해 제출하려는 증거에 대하여 아래 각 증거별로 해당
　　　난을 구체적으로 작성해 주시기 바랍니다)

1. 인적증거

성　명	○○○	주민등록번호	생략		
주　소	광주시 ○○구 ○○로 ○○, ○○○,			직업	상업
전　화	(휴대폰) 010 - 1314 - 0000				
입증하려는 내　용	위 ○○○은 진정인과 같이 피진정인을 만나는 자리에 동석하는 등 피진정인이 투자를 종용하는 말을 직접 듣고 입회하여 잘 알고 있으므로 입증하고자 합니다.				

2. 증거서류

순번	증　거	작성자	제출 유무	
1	송금영수증	진정인	■ 접수시 제출	□ 수사 중 제출
2	문자메시지	진정인	■ 접수시 제출	□ 수사 중 제출
3			□ 접수시 제출	□ 수사 중 제출
4			□ 접수시 제출	□ 수사 중 제출
5			□ 접수시 제출	□ 수사 중 제출

3. 증거물

순번	증　거	소유자	제출 유무	
1	문자메시지	진정인	■ 접수시 제출	□ 수사 중 제출
2			□ 접수시 제출	□ 수사 중 제출
3			□ 접수시 제출	□ 수사 중 제출
4			□ 접수시 제출	□ 수사 중 제출
5			□ 접수시 제출	□ 수사 중 제출

4. 기타증거

　　　추후 필요에 따라 제출하겠습니다.

다, 고소장

위 사안에 대한 고소장은 다음과 같이 작성하시면 됩니다.

고   소   장

고 소 인 : ○   ○   ○

피 고 소 인 : ○   ○   ○

광주시 서부경찰서장 귀중

고 　 소 　 장

1. 고소인

성 명	○ ○ ○	주민등록번호	생략
주 소	광주시 ○○구 ○○로 ○○길 ○○○, ○○○호		
직 업	생략	사무실 주 소	생략
전 화	(휴대폰) 010 - 2999 - 0000		
대리인에 의한 고 소	□ 법정대리인 (성명 : , 연락처) □ 고소대리인 (성명 : 변호사, 연락처)		

2. 피고소인

성 명	○ ○ ○	주민등록번호	생략
주 소	광주시 계양구 ○○로○○길 ○○, ○○○		
직 업	무지	사무실 주 소	생략
전 화	(휴대폰) 010 - 1288 - 0000		
기타사항	고소인과의 관계 - 친·인척관계 없습니다.		

3. 고소취지

고소인은 피고소인에 관하여 다음과 같이 유사수신행위의 규제에 관한 법률위반 및 형법 제347조 제1항 사기죄로 고소하오니 법에 준엄함을 깨달을 수 있도록 철저히 수사하여 엄벌에 처해 주시기 바랍니다.

4. 범죄사실

(1) 당사자 관계

　　○ 고소인은 주소지에 거주하는 주부이고 피고소인은 주소지에서 소위
　　　 말하는 다단계 판매회사의 ○○팀장으로 호칭되는 자입니다.

(2) 이 사건의 경위

　　1. 고소인은 고소인과 잘 아는 고소 외 ○○○의 처 성명불상자의 소개
　　　 로 피고소인을 소개받아 알게 되었고, 피고소인은 그의 부친 ○○○
　　　 과 다단계 판매회사에서 ○○팀장의 직함으로 일을 하고 있습니다.

　　2. 고소인은 같은 피해자인 고소 외 ◎◎◎이 고소인에게(우리친구 피
　　　 고소인의 아버지)가 ○○에 놀러가자고 하니 바람도 쪼일 겸 같이
　　　 가자면서 친구가 있으면 데리고 와도 좋다고 함으로 영문도 모르고
　　　 ○○○○. ○○. ○○. 일행 ○명과 함께 약속한 장소로 갔더니 미
　　　 리 준비된 관광버스에 사람들이 타고 있어 고소인 일행도 같이 타고
　　　 ○○에 도착하자 어디서 왔는지 여러 대의 관광버스에 사람들이 타
　　　 고 와 있었습니다.

　　3. 그곳 ○○에서 버스를 타고 온 많은 사람들을 모아 놓고 위 회사 간
　　　 부인 듯한 사람이 우리 회사는 작년에 사업을 시작한 회사인데 규모
　　　 가 크고 질 좋은 상품을 대량으로 구입하여 싸게 파는 회사라고 선
　　　 전을 하면서 자신의 회사에 등록을 하고 투자를 하면 많은 이익이
　　　 있다는 취지로 말하며 투자자를 모집하는 내용으로 선전에 열을 올
　　　 리고 하루를 무료로 관광을 시켜주어 돌아온 사실이 있습니다.

　　4. 피고소인은 얼마 후인 같은 해 ○○.하순경, 자신의 사무실로 고소
　　　 인을 불러 갔더니 고소인에게 우리 회사는 ○○에서 설명한 것처럼
　　　 좋은 회사인데 회사에 돈을 투자하면 투자 금에 대한 이자는 월 5부
　　　 정도이고 원금은 투자한 날로부터 3개월 되면 투자자가 원할시 전액

되돌려 받을 수 있고, 대신 이자는 투자 금으로 그대로 두면 그 돈이 또 이자가 붙어 몫 돈이 될 수 있을 뿐만 아니라 회사에서 싼값에 물건을 구입할 수 있고, 해외여행도 보내주는 혜택을 누릴 수 있다면서, 우리 아버지 친구(○○○)도 투자하고 있고, 우리 아버지 이모 등 가족들이 모두 투자하고 있다면서, 아주머니도 내 말을 믿고 투자하면 위에서 말한 대로 틀림없다고 하면서 투자할 뜻이 있으면 내가 팀장이니까 내 계좌로 송금해 달라고 하면서 나도 처음에 50,000,000원 투자해서 곱이 불어났다고 함으로 그 말을 진실로 믿고 같은 해 ○○. ○○ 피고소인의 계좌로 금 ○○○만 원, 같은 해 ○○. ○. 같은 방법으로 금 ○,○○○만 원, 같은 달 ○○. 금 ○,○○○만 원, ○○○○. ○○. ○○. 금 ○,○○○만 원 등 4회에 걸쳐 모두 금 ○,○○○만 원을 피고소인에게 송금한 바 있습니다.

5. 피고소인은 위와 같은 고소인으로부터 송금을 받고 고소인에게 통장을 만들어 그 계좌번호를 알려달라고 하여 부랴부랴 국민은행에서 고소인의 보통예금 통장을 개설하여 계좌번호를 알려준바 있고, 투자한지 3개월이 지나 원금을 돌려달라고 하였더니 이자에 대하여는 일언반구 말도 없이 ○○○○. ○○. ○○.까지 ○회에 걸쳐 모두 ○,○○○만 원만 변제하고, 금 ○,○○○만 원을 회사 사정이 어렵다는 이유로 변제하지 않고 있습니다.

6. 피고소인의 위와 같은 행위는 당초부터 고소인에게 투자 금 명목으로 돈을 받고 투자 금에 대하여 월 5부 이자로 계산하여 3개월 만에 원금을 돌려주고 투자 금에 대한 이자는 이를 재투자 금으로 하여 몫 돈을 만들어 줄 의사나 능력이 전혀 없으면서 위와 같이 고소인을 속여 금원을 편취하였습니다.

(3) 결론

피고소인의 이 같은 행위는 사기죄에 해당된다고 생각되어 고소인은 피고소인을 형법 제347조 제1항 사기죄로 고소하오니 부디 피고소인을 철저히 조사하여 엄벌에 처하여 주시기 바랍니다.

5.증거자료

□ 고소인은 고소인의 진술 외에 제출할 증거가 없습니다.

■ 고소인은 고소인의 진술 외에 제출할 증거가 있습니다.

☞ 제출할 증거의 세부내역은 별지를 작성하여 첨부합니다.

6.관련사건의 수사 및 재판여부

① 중복 고소여부	본 고소장과 같은 내용의 고소장을 다른 검찰청 또는 경찰서에 제출하거나 제출하였던 사실이 있습니다 □ / 없습니다 ■
② 관련 형사사건 수사유무	본 고소장에 기재된 범죄사실과 관련된 사건 또는 공범에 대하여 검찰청이나 경찰서에서 수사 중에 있습니다 □ / 수사 중에 있지 않습니다 ■
③ 관련 민사소송 유무	본 고소장에 기재된 범죄사실과 관련된 사건에 대하여 법원에서 민사소송 중에 있습니다 □ / 민사소송 중에 있지 않습니다 ■

7.기타

본 고소장에 기재한 내용은 고소인이 알고 있는 지식과 경험을 바탕으로 모두 사실대로 작성하였으며, 만일 허위사실을 고소하였을 때에는 형법 제156조 무고죄로 처벌받을 것임을 아울러 서약합니다.

○○○○ 년 ○○ 월 ○○ 일

위 고소인 : ○ ○ ○ (인)

광주시 서부경찰서장 귀중

별지 : 증거자료 세부 목록

(범죄사실 입증을 위해 제출하려는 증거에 대하여 아래 각 증거별로 해당 난을 구체적으로 작성해 주시기 바랍니다)

1. 인적증거

성 명	○ ○ ○	주민등록번호		생략	
주 소	광주시 ○○구 ○○로 ○○, ○○○,			직업	상업
전 화	(휴대폰) 010 - 1314 - 0000				
입증하려는 내 용	위 ○○○은 고소인과 같이 피고소인을 만나는 자리에 동석하는 등 피고소인이 투자를 종용하는 말을 직접 듣고 입회하여 잘 알고 있으므로 입증하고자 합니다.				

2. 증거서류

순번	증 거	작성자	제출 유무
1	송금영수증	고소인	■ 접수시 제출 □ 수사 중 제출
2	문자메시지	고소인	■ 접수시 제출 □ 수사 중 제출
3			□ 접수시 제출 □ 수사 중 제출
4			□ 접수시 제출 □ 수사 중 제출
5			□ 접수시 제출 □ 수사 중 제출

3. 증거물

순번	증 거	소유자	제출 유무
1	문자메시지	고소인	■ 접수시 제출 □ 수사 중 제출
2			□ 접수시 제출 □ 수사 중 제출
3			□ 접수시 제출 □ 수사 중 제출
4			□ 접수시 제출 □ 수사 중 제출
5			□ 접수시 제출 □ 수사 중 제출

4. 기타증거

추후 필요에 따라 제출하겠습니다.

제7장 소액결제 사기

스미싱은 문자 메시지(SMS)와 피싱(phishing)의 합성어로 신종소액결제 사기입니다.

그 수법은 문자 메시지를 이용하여 악성 '앱'이나 악성코드를 휴대전화에 유포한 후 휴대전화 소액결제 관련 정보를 가로채는 범죄입니다.

이후 게임 사이트에서 아이템 구매를 하는 등 소액결제 피해를 입히는 방법의 범죄입니다. 최근에는 소액결제 피해뿐만 아니라 신·변종 스미싱 피해 사례들이 많이 발생하고 있습니다.

소액결제 범죄자들은 문자 메시지의 인터넷 주소 등을 통해 금융회사를 가장한 악성 앱이나 악성코드를 설치하도록 유도하고, 앱에 표시된 번호로 전화를 걸면 사기범의 전화로 연결되어 다양한 명목으로 송금을 요구하거나 악성코드를 통해 피싱사이트로 연결하는 수법이 범행수단입니다.

소액결제 사기의 특징

소액결제 사기는

(1) 문자 메시지를 클릭해서 악성 앱을 설치하도록 유도합니다. 악성코드나 악성 앱이 설치되도록 하는 인터넷 주소가 담긴 문자 메시지를 불특정 다수에게 발송하여 주로 휴대전화 소액결제 피해를 일으킵니다. 최근에는 문자 메시지의 인터넷 주소를 클릭하면 설치되는 악성 앱을 통해 금융거래정보를 손에 넣는 등 신종 수법들이 등장하고 있습니다.

(2) 문자 메시지 내용이 매우 다양하고 교묘하게 진화하고 있습니다. 스미싱 문자 메시지 내용은 특히 무료·할인 쿠폰, 돌잔치·결혼 청첩장, 경찰 출석 요구서, 교통범칙금 조회, 건강보험공단 무료 암 검진, 카드대금조회 등 그 유형이 매우 다양합니다.

(3) 소액결제 사기범들은 연락을 하려고 해도 전화번호도 없고 탈퇴도 안 되게 하는 악질적 방법을 사용하고 있습니다. 최근에는 스마트폰 무료 앱, 유료 어플리케이션을 이용하는 과정에서 원치 않게 소액결제가 매달 이뤄져 편취하고 있습니다.

(4) 소액결제 사기범들은 주로 무료 영화다운 사이트를 이용해 무료 회원가입이라는 말에 이끌려 회원가입하면 매달 소액결제가 되도록 하는 사기로서 워낙에 소액이다 보니 관심도 없고 또 무료 이벤트 가입인지도 모르겠을 정도로 이용한 기억조차 없는데 돈은 계속해서 빼가는 사기입니다.

컴퓨터 등 사용사기죄 성립

아무리 소액결제라고 하더라도 무료라는 말 때문에 회원가입만 해도 자동으로 소액이 계속해서 결제가 되도록 해놓고 매달 남의 돈을 몰래 인출하는 행위는 형법 제347조의2 컴퓨터 등 사용사기죄가 성립합니다.

회원가입 시 본인의 승인 없이 범인들의 조작에 의하여 소액결제 자동이체가 되는 것은 위법이고 사기죄가 해당됩니다.

단순히 회원가입만 했을 뿐인데 매달 자동이체결제를 하는 범인들이 노리는 것은 휴대폰 결제내역 서를 자세히 보지 않는 사용자들의 방심입니다.

제1절 소액결제 사기 사례

1. 피고소인은 인테넷 포털사이트 ○○카페를 통하여 무료로 회원가압만 하면 영화나 드라마 또는 운세정보를 이용할 수 있다고 속이고 회원등록을 한 피해자의 휴대폰을 이용한 소액결제로 모두 5회에 결처 78,000원을 무단 인출하여 편취한 경우

가, 판단

피고소인의 행위는 무료로 회원가입만 하면 영화나 드라마 또는 운세정보를 이용할 수 있다고 인터넷 주소로 접속하도록 유인하여 이후 보안카드번호 전부를 입력하게 한 뒤 범행계좌로 무단 이체하는 수법으로 편취한 것으로 요약할 수 있습니다.

피고소인의 행위는 위와 같이 악성코드에 전염된 휴대폰을 통하여 피해자 모르게 소액결제가 이루어지게 한 것이므로 형법 제347조의2 컴퓨터 등 사용사기죄로 의율하는 것이 타당하다 할 것입니다.

나, 진정서

위 사안에 대한 진정서는 다음과 같이 작성하시면 됩니다.

진   정   서

진 정 인 :   ○   ○   ○

피 진 정 인 :   ○   ○   ○

부산시 서부경찰서장 귀중

진   정   서

1. 진 정 인

성 명	○ ○ ○	주민등록번호	생략
주 소	부산시 ○○구 ○○로 ○○길 ○○○ , ○○○호		
직 업	생략	사무실 주 소	생략
전 화	(휴대폰) 010 - 9009 - 0000		
대리인에 의한 진 정	☐ 법정대리인 (성명 : , 연락처) ☐ 진정대리인 (성명 : 변호사, 연락처)		

2. 피진정인

성 명	○ ○ ○	주민등록번호	생략
주 소	부산시 ○○구 ○○로○○길 ○○ , ○○○		
직 업	무지	사무실 주 소	생략
전 화	(휴대폰) 010 - 1288 - 0000		
기타사항	진정인과의 관계 - 친·인척관계 없습니다.		

3. 진정취지

진정인은 피진정인에 관하여 다음과 같이 형법 제347조의2 컴퓨터 등 사용사
기죄로 진정하오니 법에 준엄함을 깨달을 수 있도록 철저히 수사하여 엄벌에
처해 주시기 바랍니다.

4. 진정원인

(1) 당사자 관계

○ 진정인은 주소지에 거주하고 학원 강사로 근무하고 있으며 피진정인은 주소지에서 인터넷을 통하여 영화나 드라마 등을 무료로 제공한다는 사이트를 운영하는 자입니다.

(2) 이 사건의 경위

○ 진정인은 ○○○○. ○○. ○○. 핸드폰 결제 내역을 보고 깜짝 놀랐습니다. 평소 명세서 확인을 잘 안 하는 성격인데다 핸드폰을 이용한 소액결제는 평소 이용하지 않는 터여서 별 신경을 쓰지 않았습니다.

○ 그런데 지난 ○○○○. ○○. ○○. ○○,○○○원이 진정인도 모르게 소액결제 된 사실을 우연히 알게 되었습니다. 진정인은 혹시나 싶어 과거 몇 개월의 명세서를 확인해보고는 더욱 놀랐습니다. 지난 ○○○○. ○○.부터 ○○.까지 ○○,○○○원씩 모두 5차례에 걸쳐 총 78,000원이 결제된 것입니다.

○ 진정인은 통신사에 확인한 결과 모두 영화나 드라마, 운세정보 등을 볼 수 있다는 사이트에서 자동 연장 방식으로 결제가 이루어진 것임을 알았습니다. 그래서 문득 머리에 스치는 곳이 평소 프랑스어에 관심이 많던 진정인은 프랑스어 공부를 하기 위해 프랑스 영화 등을 보면 도움이 된다는 지인의 말을 듣고 한 사이트에 피진정인이 인터넷 포털사이트 다음 ○○카페에 회원가입한 것이 기억났습니다.

○ 그러나 피진정인의 사이트에서는 무료로 회원가입만 하면 원하는 영화나 드라마를 볼 수 있다는 안내만 있었을 뿐, 결제된 월 ○○,○

○○원의 이용료나 자동 연장 등에 대한 안내는 전혀 없었습니다.

○ 또한 진정인이 무료로 회원가입을 한 것은 사실이나 휴대폰으로 그 어떤 요금을 승인하거나 소액결제 한 사실은 추호도 없습니다.

(3) 피진정인의 기망행위

○ 피진정인의 소액결제 사기 수법은 마치 운세정보나 영화, 드라마시청 등을 무료로 회원등록을 하면 이용할 수 있는 것으로 진정인을 기망하였습니다.

○ 무료 또는 이벤트로 회원을 가입하게 유도하여 이 과정에서 '성인인증' 또는 '본인인증'을 한다며 핸드폰 소액결제에 필요한 전화번호 등의 정보를 수집하고 핸드폰 소액결제의 명세를 제대로 확인하지 않는 진정인에게 매달 지속적으로 ○○,○○○원(부가세 포함 ○○,○○○원)을 결제 청구한 것이므로 형법 제347조의2 컴퓨터 등 사용사기죄가 성립합니다.

(4) 결론

이에 진정인은 피진정인을 형법 제347조의2 컴퓨터 등 사용사기죄로 진정하오니 피진정인을 철저히 조사하여 엄벌에 처하여 주시기 바랍니다.

5. 증거자료

☐ 진정인은 진정인의 진술 외에 제출할 증거가 없습니다.
■ 진정인은 진정인의 진술 외에 제출할 증거가 있습니다.
　☞ 제출할 증거의 세부내역은 별지를 작성하여 첨부합니다.

6.관련사건의 수사 및 재판여부

① 중복 고소여부	본 진정서와 같은 내용의 고소장을 다른 검찰청 또는 경찰서에 제출하거나 제출하였던 사실이 있습니다 □ / 없습니다 ■
② 관련 형사사건 수사유무	본 진정서에 기재된 범죄사실과 관련된 사건 또는 공범에 대하여 검찰청이나 경찰서에서 수사 중에 있습니다 □ / 수사 중에 있지 않습니다 ■
③ 관련 민사소송 유무	본 진정서에 기재된 범죄사실과 관련된 사건에 대하여 법원에서 민사소송 중에 있습니다 □ / 민사소송 중에 있지 않습니다 ■

7.기타

본 진정서에 기재한 내용은 진정인이 알고 있는 지식과 경험을 바탕으로 모두 사실대로 작성하였습니다.

○○○○ 년 ○○ 월 ○○ 일

위 진정인 : ○ ○ ○   (인)

부산시 서부경찰서장 귀중

별지 : 증거자료 세부 목록

　　　(범죄사실 입증을 위해 제출하려는 증거에 대하여 아래 각 증거별로 해당
　　　난을 구체적으로 작성해 주시기 바랍니다)

1. 인적증거

성　명		주민등록번호		
주　소			직업	
전　화	(휴대폰)			
입증하려는 내　용				

2. 증거서류

순번	증　거	작성자	제출 유무	
1	캡처화면	진정인	■ 접수시 제출	□ 수사 중 제출
2	인출내역	진정인	■ 접수시 제출	□ 수사 중 제출
3			□ 접수시 제출	□ 수사 중 제출
4			□ 접수시 제출	□ 수사 중 제출
5			□ 접수시 제출	□ 수사 중 제출

3. 증거물

순번	증　거	소유자	제출 유무	
1	인출내역	진정인	■ 접수시 제출	□ 수사 중 제출
2			□ 접수시 제출	□ 수사 중 제출
3			□ 접수시 제출	□ 수사 중 제출
4			□ 접수시 제출	□ 수사 중 제출
5			□ 접수시 제출	□ 수사 중 제출

4. 기타증거

　　추후 필요에 따라 제출하겠습니다.

다, 고소장

위 사안에 대한 고소장은 다음과 같이 작성하시면 됩니다.

고   소   장

고 소 인 : ○   ○   ○

피 고 소 인 : ○   ○   ○

부산시 서부경찰서장 귀중

고   소   장

1. 고소인

성 명	○ ○ ○		주민등록번호	생략
주 소	부산시 ○○구 ○○로 ○○길 ○○○, ○○○호			
직 업	생략	사무실 주 소	생략	
전 화	(휴대폰) 010 - 2999 - 0000			
대리인에 의한 고 소	☐ 법정대리인 (성명 : , 연락처) ☐ 고소대리인 (성명 : 변호사, 연락처)			

2. 피고소인

성 명	○ ○ ○		주민등록번호	생략
주 소	부산시 ○○구 ○○로○○길 ○○, ○○○			
직 업	무지	사무실 주 소	생략	
전 화	(휴대폰) 010 - 1288 - 0000			
기타사항	고소인과의 관계 - 친·인척관계 없습니다.			

3. 고소취지

고소인은 피고소인에 관하여 다음과 같이 형법 제347조의2 컴퓨터 등 사용사
기죄로 고소하오니 법에 준엄함을 깨달을 수 있도록 철저히 수사하여 엄벌에
처해 주시기 바랍니다.

4. 범죄사실

(1) 당사자 관계

○ 고소인은 주소지에 거주하고 학원 강사로 근무하고 있으며 피고소인
   은 주소지에서 인터넷을 통하여 영화나 드라마 등을 무료로 제공한
   다는 사이트를 운영하는 자입니다.

(2) 이 사건의 경위

○ 고소인은 ○○○○. ○○. ○○. 핸드폰 결제 내역을 보고 깜짝 놀
   랐습니다. 평소 명세서 확인을 잘 안 하는 성격인데다 핸드폰을 이
   용한 소액결제는 평소 이용하지 않는 터여서 별 신경을 쓰지 않았
   습니다.

○ 그런데 지난 ○○○○. ○○. ○○. ○○,○○○원이 고소인도 모
   르게 소액결제 된 사실을 우연히 알게 되었습니다. 고소인은 혹시나
   싶어 과거 몇 개월의 명세서를 확인해보고는 더욱 놀랐습니다. 지난
   ○○○○. ○○.부터 ○○.까지 ○○,○○○원씩 모두 5차례에 걸쳐
   총 78,000원이 결제된 것입니다.

○ 고소인은 통신사에 확인한 결과 모두 영화나 드라마, 운세정보 등을
   볼 수 있다는 사이트에서 자동 연장 방식으로 결제가 이루어진 것임
   을 알았습니다. 그래서 문득 머리에 스치는 곳이 평소 프랑스어에
   관심이 많던 고소인은 프랑스어 공부를 하기 위해 프랑스 영화 등을
   보면 도움이 된다는 지인의 말을 듣고 한 사이트에 피고소인이 인
   터넷 포털사이트 다음 ○○카페에 회원가입 한 것이 기억났습니다.

○ 그러나 피고소인의 사이트에서는 무료로 회원가입만 하면 원하는 영
   화나 드라마를 볼 수 있다는 안내만 있었을 뿐, 결제된 월 ○○,○

○○원의 이용료나 자동 연장 등에 대한 안내는 전혀 없었습니다.

○ 또한 고소인이 무료로 회원가입을 한 것은 사실이나 휴대폰으로 그 어떤 요금을 승인하거나 소액결제 한 사실은 추호도 없습니다.

(3) 피고소인의 기망행위

○ 피고소인의 소액결제 사기 수법은 마치 운세정보나 영화, 드라마시청 등을 무료로 회원등록을 하면 이용할 수 있는 것으로 고소인을 기망하였습니다.

○ 무료 또는 이벤트로 회원을 가입하게 유도하여 이 과정에서 '성인인증' 또는 '본인인증' 을 한다며 핸드폰 소액결제에 필요한 전화번호 등의 정보를 수집하고 핸드폰 소액결제의 명세를 제대로 확인하지 않는 고소인에게 매달 지속적으로 ○○,○○○원(부가세 포함 ○○,○○○원)을 결제 청구한 것이므로 형법 제347조의2 컴퓨터 등 사용사기죄가 성립합니다.

(4) 결론

이에 고소인은 피고소인을 형법 제347조의2 컴퓨터 등 사용사기죄로 고소하오니 부디 피고소인을 철저히 조사하여 엄벌에 처하여 주시기 바랍니다.

5. 증거자료

☐ 고소인은 고소인의 진술 외에 제출할 증거가 없습니다.
■ 고소인은 고소인의 진술 외에 제출할 증거가 있습니다.
　☞ 제출할 증거의 세부내역은 별지를 작성하여 첨부합니다.

6. 관련사건의 수사 및 재판여부

① 중복 고소여부	본 고소장과 같은 내용의 고소장을 다른 검찰청 또는 경찰서에 제출하거나 제출하였던 사실이 있습니다 □ / 없습니다 ■
② 관련 형사사건 수사유무	본 고소장에 기재된 범죄사실과 관련된 사건 또는 공범에 대하여 검찰청이나 경찰서에서 수사 중에 있습니다 □ / 수사 중에 있지 않습니다 ■
③ 관련 민사소송 유무	본 고소장에 기재된 범죄사실과 관련된 사건에 대하여 법원에서 민사소송 중에 있습니다 □ / 민사소송 중에 있지 않습니다 ■

7. 기타

본 고소장에 기재한 내용은 고소인이 알고 있는 지식과 경험을 바탕으로 모두 사실대로 작성하였으며, 만일 허위사실을 고소하였을 때에는 형법 제156조 무고죄로 처벌받을 것임을 아울러 서약합니다.

○○○○ 년 ○○ 월 ○○ 일

위 고소인 : ○   ○   ○   (인)

부산시 서부경찰서장 귀중

별지 : 증거자료 세부 목록

　　　(범죄사실 입증을 위해 제출하려는 증거에 대하여 아래 각 증거별로 해당
　　　난을 구체적으로 작성해 주시기 바랍니다)

1. 인적증거

성 명		주민등록번호		
주 소			직업	
전 화	(휴대폰)			
입증하려는 내 용				

2. 증거서류

순번	증 거	작성자	제출 유무
1	캡처화면	고소인	■ 접수시 제출　　□ 수사 중 제출
2	인출내역	고소인	■ 접수시 제출　　□ 수사 중 제출
3			□ 접수시 제출　　□ 수사 중 제출
4			□ 접수시 제출　　□ 수사 중 제출
5			□ 접수시 제출　　□ 수사 중 제출

3. 증거물

순번	증 거	소유자	제출 유무
1	인출내역	고소인	■ 접수시 제출　　□ 수사 중 제출
2			□ 접수시 제출　　□ 수사 중 제출
3			□ 접수시 제출　　□ 수사 중 제출
4			□ 접수시 제출　　□ 수사 중 제출
5			□ 접수시 제출　　□ 수사 중 제출

4. 기타증거

　　　추후 필요에 따라 제출하겠습니다.

제2절 소액결제 사기 사례

2. 무료 쿠폰을 주겠다는 문자가 들어와서 무심코 클릭한 일밖에 없는데 피해자가 사용하는 휴대전화로 소액결제가 되어 몇 번에 걸쳐 돈이 빠져나간 경우

가. 판단

피고소인의 행위는 고소인에게 문자메시지를 보내고 문자메시지를 클릭하면 바로 응용프로그램이 설치되고 사용자의 권한을 피고소인이 가로채 소액결제를 해 피고소인의 범행계좌로 무단 이체하는 수법으로 편취한 것으로 요약할 수 있습니다.

피고소인의 이러한 행위는 위와 같이 응용프로그램을 고소인 모르게 부정한 명령을 입력하거나 권한 없이 정보를 입력하여 소액결제가 이루어지게 한 것이므로 형법 제347조의2 컴퓨터 등 사용사기죄로 의율하는 것이 타당하다 할 것입니다.

나, 진정서

위 사안에 대한 진정서는 다음과 같이 작성하시면 됩니다.

진   정   서

진 정 인 :　○　　　○　　　○

피 진 정 인 :　○　　　○　　　○

전라북도 장수경찰서장 귀중

진　　　정　　　서

1. 진 정 인

성　　　명	○ ○ ○	주민등록번호	생략
주　　　소	전라북도 장수군 장수읍 ○○로 ○○, ○○○호		
직　　　업	생략	사무실 주　　소	생략
전　　　화	(휴대폰) 010 - 7711 - 0000		
대리인에 의한 진　　　정	□ 법정대리인 (성명 :　　　　, 　　연락처　　　　　　) □ 진정대리인 (성명 : 변호사, 　　연락처　　　　　　)		

2. 피진정인

성　　　명	무지	주민등록번호	무지
주　　　소	무지		
직　　　업	무지	사무실 주　　소	생략
전　　　화	(휴대폰) 010 - 3444 - 0000 계좌번호 기업은행 ○○ ○-○○-○○○-○○		
기타사항	진정인과의 관계 - 친·인척관계 없습니다.		

3. 진정취지

진정인은 피진정인에 관하여 다음과 같이 형법 제347조의2 컴퓨터 등 사용사
기죄로 진정하오니 법에 준엄함을 깨달을 수 있도록 철저히 수사하여 엄벌에
처해 주시기 바랍니다.

4. 진정원인

(1) 당사자 관계

○ 진정인은 주소지에 거주하고 운전 업에 종사하고 있으며 피진정인은 ○○○○. ○○. ○○. 13:10경 휴대전화 ○○○-○○○○-○○○○번으로 진정인의 휴대전화 ○○○-○○○○-○○○○번으로 무료로 모 음식점에 대한 쿠폰을 주겠다는 전송한 사실이 있습니다.

(2) 이 사건의 경위

○ 피진정인은 ○○○○. ○○. ○○. 진정인의 ○○○-○○○○-○○○○번 핸드폰으로 별지 첨부한 문자메시지를 보내 위 무료 쿠폰을 주겠다고 하여 아무런 생각 없이 문자메시지를 클릭하였습니다.

(3) 휴대폰 소액결제

○ 피진정인은 무료 쿠폰을 주겠다고 진정인에게 문자를 보내면서 진정인이 문자메시지를 클릭하는 순간 응용프로그램이 자동으로 설치되고 사용자의 권한을 가로채 소액결제를 하여 피진정인의 범행계좌로 ○○○○. ○○. ○○. 18,500원, 같은 ○○.에 18,500원, 같은 ○○.에 18,500원, ○○.에 18,500원 총 4회에 걸쳐 74,000원을 인출하였습니다.

(4) 피진정인의 기망행위

○ 피진정인의 소액결제 사기 수법은 진정인에게 무료 쿠폰을 주겠다고 속이고 이에 속은 진정인이 문자메시지를 클릭하면 순간 휴대폰에 응용프로그램을 설치한 다음 사용자의 권한을 가로챈 것은 부정한 명령을 입력하거나 권한 없이 정보를 입력하여 소액결제가 이루어지게 한 것이므로 형법 제347조의2 컴퓨터 등 사용사기죄가 성립합니다.

(5) 결론

이에 진정인은 피진정인을 형법 제347조의2 컴퓨터 등 사용사기죄로 진정하오니 피진정인을 철저히 조사하여 엄벌에 처하여 주시기 바랍니다.

5.증거자료

□ 진정인은 진정인의 진술 외에 제출할 증거가 없습니다.

■ 진정인은 진정인의 진술 외에 제출할 증거가 있습니다.

☞ 제출할 증거의 세부내역은 별지를 작성하여 첨부합니다.

6.관련사건의 수사 및 재판여부

① 중복 고소여부	본 진정서와 같은 내용의 고소장을 다른 검찰청 또는 경찰서에 제출하거나 제출하였던 사실이 있습니다 □ / 없습니다 ■
② 관련 형사사건 수사유무	본 진정서에 기재된 범죄사실과 관련된 사건 또는 공범에 대하여 검찰청이나 경찰서에서 수사 중에 있습니다 □ / 수사 중에 있지 않습니다 ■
③ 관련 민사소송 유무	본 진정서에 기재된 범죄사실과 관련된 사건에 대하여 법원에서 민사소송 중에 있습니다 □ / 민사소송 중에 있지 않습니다 ■

7.기타

본 진정서에 기재한 내용은 진정인이 알고 있는 지식과 경험을 바탕으로 모두 사실대로 작성하였습니다.

○○○○ 년 ○○ 월 ○○ 일

위 진정인 : ○　○　○　　(인)

전라북도 장수경찰서장 귀중

별지 : 증거자료 세부 목록

　　(범죄사실 입증을 위해 제출하려는 증거에 대하여 아래 각 증거별로 해당
　　난을 구체적으로 작성해 주시기 바랍니다)

1. 인적증거

성 명		주민등록번호		
주 소			직업	
전 화	(휴대폰)			
입증하려는 내 용				

2. 증거서류

순번	증 거	작성자	제출 유무	
1	문자메시지	진정인	■ 접수시 제출	□ 수사 중 제출
2	인출내역	진정인	■ 접수시 제출	□ 수사 중 제출
3			□ 접수시 제출	□ 수사 중 제출
4			□ 접수시 제출	□ 수사 중 제출
5			□ 접수시 제출	□ 수사 중 제출

3. 증거물

순번	증 거	소유자	제출 유무	
1	인출내역	진정인	■ 접수시 제출	□ 수사 중 제출
2			□ 접수시 제출	□ 수사 중 제출
3			□ 접수시 제출	□ 수사 중 제출
4			□ 접수시 제출	□ 수사 중 제출
5			□ 접수시 제출	□ 수사 중 제출

4. 기타증거

　　추후 필요에 따라 제출하겠습니다.

다, 고소장

위 사안에 대한 고소장은 다음과 같이 작성하시면 됩니다.

고　　　　소　　　　장

고 소 인 : ○　　　○　　　○

피 고 소 인 : ○　　　○　　　○

전라북도 장수경찰서장 귀중

고   소   장

1. 고소인

성 명	○ ○ ○	주민등록번호	생략
주 소	전라북도 장수군 장수읍 ○○로 ○○, ○○○호		
직 업	생략	사무실 주 소	생략
전 화	(휴대폰) 010 - 7711 - 0000		
대리인에 의한 고 소	☐ 법정대리인 (성명 : , 연락처) ☐ 고소대리인 (성명 : 변호사, 연락처)		

2. 피고소인

성 명	무지	주민등록번호	무지
주 소	무지		
직 업	무지	사무실 주 소	생략
전 화	(휴대폰) 010 - 3444 - 0000 계좌번호 기업은행 ○○○-○○-○○○-○○		
기타사항	고소인과의 관계 - 친·인척관계 없습니다.		

3. 고소취지

고소인은 피고소인에 관하여 다음과 같이 형법 제347조의2 컴퓨터 등 사용사
기죄로 고소하오니 법에 준엄함을 깨달을 수 있도록 철저히 수사하여 엄벌에
처해 주시기 바랍니다.

4. 범죄사실

(1) 당사자 관계

○ 고소인은 주소지에 거주하고 운전 업에 종사하고 있으며 피고소인은
○○○○. ○○. ○○. 13:10경 휴대전화 ○○○-○○○○-○○○○
번으로 고소인의 휴대전화 ○○○-○○○○-○○○○번으로 무료로
모 음식점에 대한 쿠폰을 주겠다는 전송한 사실이 있습니다.

(2) 이 사건의 경위

○ 피고소인은 ○○○○. ○○. ○○. 고소인의 ○○○-○○○○-○○
○○번 핸드폰으로 별지 첨부한 문자메시지를 보내 위 무료 쿠폰을
주겠다고 하여 아무런 생각 없이 문자메시지를 클릭하였습니다.

(3) 휴대폰 소액결제

○ 피고소인은 무료 쿠폰을 주겠다고 고소인에게 문자를 보내면서 고소
인이 문자메시지를 클릭하는 순간 응용프로그램이 자동으로 설치되
고 사용자의 권한을 가로채 소액결제를 하여 피고소인의 범행계좌로
○○○○. ○○. ○○. 18,500원, 같은 ○○.에 18,500원, 같은 ○
○.에 18, 500원, ○○.에 18,500원 총 4회에 걸쳐 74,000원을 인출
하였습니다.

(4) 피고소인의 기망행위

○ 피고소인의 소액결제 사기 수법은 고소인에게 무료 쿠폰을 주겠다고
속이고 이에 속은 고소인이 문자메시지를 클릭하면 순간 휴대폰에 응
용프로그램을 설치한 다음 사용자의 권한을 가로챈 것은 부정한 명령
을 입력하거나 권한 없이 정보를 입력하여 소액결제가 이루어지게 한
것이므로 형법 제347조의2 컴퓨터 등 사용사기죄가 성립합니다.

(5) 결론

　　이에 고소인은 피고소인을 형법 제347조의2 컴퓨터 등 사용사기죄로 고소하오니 피고소인을 철저히 조사하여 엄벌에 처하여 주시기 바랍니다.

5.증거자료

　　□ 고소인은 고소인의 진술 외에 제출할 증거가 없습니다.

　　■ 고소인은 고소인의 진술 외에 제출할 증거가 있습니다.

　　　☞ 제출할 증거의 세부내역은 별지를 작성하여 첨부합니다.

6.관련사건의 수사 및 재판여부

① 중복 고소여부	본 고소장과 같은 내용의 고소장을 다른 검찰청 또는 경찰서에 제출하거나 제출하였던 사실이 있습니다 □ / 없습니다 ■
② 관련 형사사건 수사유무	본 고소장에 기재된 범죄사실과 관련된 사건 또는 공범에 대하여 검찰청이나 경찰서에서 수사 중에 있습니다 □ / 수사 중에 있지 않습니다 ■
③ 관련 민사소송 유무	본 고소장에 기재된 범죄사실과 관련된 사건에 대하여 법원에서 민사소송 중에 있습니다 □ / 민사소송 중에 있지 않습니다 ■

7.기타

본 고소장에 기재한 내용은 고소인이 알고 있는 지식과 경험을 바탕으로 모두 사실대로 작성하였으며, 만일 허위사실을 고소하였을 때에는 형법 제156조 무고죄로 처벌받을 것임을 아울러 서약합니다.

○○○○ 년 ○○ 월 ○○ 일

위 고소인 : ○　　○　　○　　（인）

전라북도 장수경찰서장 귀중

별지 : 증거자료 세부 목록

　　　(범죄사실 입증을 위해 제출하려는 증거에 대하여 아래 각 증거별로 해당
　　　난을 구체적으로 작성해 주시기 바랍니다)

1. 인적증거

성　명		주민등록번호			
주　소				직업	
전　화	(휴대폰)				
입증하려는 내　용					

2. 증거서류

순번	증　　거	작성자	제출 유무	
1	문자메시지	고소인	■ 접수시 제출	□ 수사 중 제출
2	인출내역	고소인	■ 접수시 제출	□ 수사 중 제출
3			□ 접수시 제출	□ 수사 중 제출
4			□ 접수시 제출	□ 수사 중 제출
5			□ 접수시 제출	□ 수사 중 제출

3. 증거물

순번	증　　거	소유자	제출 유무	
1	인출내역	고소인	■ 접수시 제출	□ 수사 중 제출
2			□ 접수시 제출	□ 수사 중 제출
3			□ 접수시 제출	□ 수사 중 제출
4			□ 접수시 제출	□ 수사 중 제출
5			□ 접수시 제출	□ 수사 중 제출

4. 기타증거

　　　추후 필요에 따라 제출하겠습니다.

제8장 인터넷 물품거래 사기

가, 인터넷거래 범죄 형태

사이버공간은 컴퓨터를 이용하여 인터넷을 매개로 하여 형성되는 생활공간으로서 불가시적이므로 현실세계와는 달이 행위자들이 자신의 얼굴을 드러내지 않고 행동하는 특징을 갖고 있습니다. 따라서 그 곳에서의 모든 범죄행위도 행위자가 전혀 모습을 드러내지 않는 상태에서 행하여집니다.

인터넷 물품거래 사기 또한 비대면성으로 인하여 범죄자들은 보다 가격하고 대담하게 행동하게 되어, 얼굴을 맞대고 있으면 하기 어려운 행동을 하는 경우가 많습니다.

자신의 신분을 노출시키지 않은 채 활동하는 것이 가능한데 인터넷을 이용하고자 할 때 인적사항을 적도록 하고 일정한 인증절차를 거쳐 사용자를 확인하기도 하지만, 정확한 인적사항을 요구하지 않는 경우가 많으며 타인의 인적사항이나 아이디를 도용하면 완벽하게 자신의 익명성을 보장받을 수 있습니다.

이러한 이유로 사이버공간을 이용한 인터넷 물품거래 사기는 '익명의 바다' 라고 부르기도 합니다.

인터넷을 통한 거래는 24시간 가능하며 원격접속이 가능해 지구 반대편에서도 실시간으로 같은 공간에서와 같이 대화할 수 있는 원격 화상회의도 가능합니다.

인터넷 홈페이지는 백화점에서처럼 문을 열고 닫는 시간이 없으며, 인터넷이 연결된 곳이라면 입국절차 없이도 외국 어디라도 즉시

갈 수도 있으니 네티즌들 중에는 밤을 낮 삼아 사이버공간을 누비는 사람들이 수도 없이 많습니다.

범죄를 하는 사람들도 마찬가지입니다.

하루 24시간 전체가 범행할 수 있는 시간이며, 수십 개국의 국경선을 넘나들며 범행을 할 수도 있기 때문에 우리나라에서 발생하는 사이버공간에서의 범죄는 외국에서 침입하고 있다고 합니다.

인터넷 물품거래 사기는 사이버공간에서 이루어지는 사기행위의 한 유형입니다. 인터넷 사기라는 용어는 사기행위에서 인터넷이라는 새로운 테크놀로지가 이용되는 데에 착안한 것입니다.

나, 인터넷거래 사기의 개념

사기는 그 개념이 명확한 것은 아니지만 인터넷이나 PC 통신망에서 영리적 목적으로 기만적이거나 불법적인 방법으로 상행위를 하는 것이며, 반드시 형법 제347조 사기죄의 개념에 해당하는 것은 아닙니다.

형법에서 인터넷사기죄와 유사한 용어로 형법 제347조의2 컴퓨터 등 사용 사기죄가 있는데 양자는 다소 차이가 있습니다.

컴퓨터 등 사용 사기죄는 인터넷 환경이 보편화되지 않았던 시기에 주로 현금자동지급기 등의 기계에 대한 권한 없는 조작행위로 인하여 재산을 취득하는 일종의 컴퓨터 부정조작이라는 컴퓨터 범죄의 한 유형으로 인식되었던 범죄인 반면 인터넷사기라는 용어는 사기행위에서 인터넷이라는 새로운 기술을 이용하는 것입니다.

우선 인터넷 물품거래 사기는 '인터넷을 대상으로 혹은 인터넷을 이용하여 부당한 유용 혹은 착복하는 행위' 라고 하거나, '컴퓨터 통신망 또는 인터넷을 이용, 이용자들에게 물품이나 용역을 제공할 것처럼 기만하는 메시지를 보내어 금품 등을 탈취하는 행위'로 정의할 수 있습니다.

다, 전자상거래 유형

전자 상거래의 과정에서 일어나는 인터넷 물품거래 사기는 그 피해범위가 매우 광범위하고 범인은 어디에서나 인터넷만 연결되면 범행을 저지를 수 있고 특정한 장소를 범행 장소로 삼지 않기 때문에 범인의 검거가 매우 어려운 것이 현실입니다.

온라인으로 입금하고 그 대금을 지불하였음에도 물건이 배달되지 않거나 물건 값을 부풀리기 위해 바람을 잡는 행위, 티셔츠, 유아용품, 장남감 등 각종 상품을 다 판매하지만 광고대로 배달되지 않고 아예 사라지는 경우가 대부분입니다.

인터넷 물품거래 사기는 그 유형이 천차만별이고 신종 인터넷 물품거래 사기의 수법이 끊임없이 발생하고 있기 때문에 획일적으로 그 유형을 분류하기가 보통 어려운 것이 아니므로 그 대표적인 유형만 자세히 알아보기로 하겠습니다.

라, 직거래의 형태

중고 상품 직거래는 사이버 공간에서 컴퓨터·휴대폰·모바일 기기 등 다양한 인터넷 접속 장치를 이용하여 개인 혹은 업자들이 직접적으로 행하는 중고상품의 매매·교환·증여 등 여러 형태의 거래를 말합니다.

직거래는 인터넷 통신판매업자를 통하지 않고, 개인과 개인 혹은 업자들이 인터넷을 통해 직접 이루어지는 거래를 말합니다.

온라인 중고 상품 직거래는 범죄의 온상으로 악용되기도 합니다.

시간과 장소가 특정되지 않는 사이버 공간의 온라인 장터라는 특징 그리고 익명성·비대면성으로 인해 중고 상품 직거래 사기가 빈발하게 됩니다.

마, 중고 상품 거래시장

온라인에 형성되어 있는 중고 상품 거래시장은 '다나와', '네이버 중고나라', '옥션중고장터', '번개장터' 등 각종 온라인 사이트와 쇼셜네트워킹서비스, 블로그, 모바일 애플리케이션 등 유형도 다양하며 수도 없이 많습니다.

인터넷에서 거래되는 중고 상품만 해도 자동차·명품가방·시계 같은 고가상품, 컴퓨터·노트북·스마트폰 등 전자제품 그리고 서적·의류·가구 등의 물건에 이르기까지 거의 모든 물품들이 거래되고 있습니다.

바, 인터넷 물품거래 사기 범행수단

온라인 중고 상품 직거래 사기의 수법에는 인터넷 중고거래 사이트에 직거래 광고를 게재하거나 모바일 메신저와 카카오 톡·번개장터 등 각종 모바일 애플리케이션을 이용하여 중고 상품 온라인 직거래를 개시하는 방법 등으로 이용합니다.

임시 연락처나 임시휴대전화를 이용하면서 싼 가격을 미끼로 현금결제를 유도하는 범행 수법을 주로 사용하고 있습니다.

중고 물품 직거래 구매자가 생각했던 물품의 상태와 다른 상태의 물품이 이행되는 경우 혹은 전혀 다른 물품이 배달되는 경우이거나, 구매자가 거래대금을 입금하였으나 판매자가 물품을 보내지 않은 상태에서 아예 연락을 끊고 잠적하는 경우가 많습니다.

범인들은 구매자를 안심시키기 위해 여권이나 운전면허증 주민등록증을 위조하거나 남의 아이디를 도용하여 거래실적을 속이거나 또는 구매자에게 거래대금의 절반만 입금하도록 유인하거나 우체국 택배로 물건을 보냈다고 하면서 송장 번호를 알려주어 속인 후 대금을 입금하도록 한 후 대금이 입금되면 바로 연락을 끊어버리는 범행 수법을 사용합니다.

사, 사기죄의 성립

중고 상품 직거래 사기는 인터넷 정보통신망이 이용되는 사이버 공간에서 중고 상품 거래와 관련하여 이루어지는 범죄행위를 '사기죄' 라고 부릅니다.

인터넷 공간에서 판매자가 구매자에게 중고 상품을 판매할 것이라는 기망으로 물품대금을 지급받는 행위이므로 이는 형법 제347조의 사기죄에 해당합니다.

사기죄는 사람을 기망하여 재물의 교부를 받거나 재산상의 이득을 취득한 행위라고 정하고 있으며, 중고 상품 직거래에 있어서 판매자의 기망으로 인해 구매자는 중고 상품을 제공받을 것이라 기재하고 물품대금을 지급하지만 실제로 동 물품의 제공이 이루어지지 않거나 하자있는 물품(혹은 사용할 수 없는 나쁜 물품)이나 다른 물건을 보내옴으로써 판매자가 재산상 이득을 취하는 행위이므로 형법 제347조 사기죄가 성립합니다.

처음부터 물건을 팔았더라도 물건을 인도할 의사와 능력이 없었기 때문에 이는 형법 제347조 사기죄가 성립합니다.

아, 사기죄 처벌규정

형법 각칙 제39장 사기와 공갈의 죄 제1절 형법 제347조 사기죄

제1항 사람을 기망하여 재물의 교부를 받거나 재산상의 이익을 취득한 자는 10년 이하의 징역 또는 2,000만 원 이하의 벌금에 처하는 범죄입니다.

제2항 제1항의 방법을 제3자로 하여금 재물의 교부를 받게 하거나 재산상의 이익을 취득하게 한 때에는 전항의 형과 같이 처벌하는 범죄입니다.

컴퓨터 등 사용사기죄는 형법 제347조의2 컴퓨터 등 정보처리장치에 허위의 정보 또는 부정한 명령을 입력하거나 권한 없이 정보를 입력·변경하여 정보처리를 하게 함으로써 재산상의 이익을 취득하거나 제3자로 하여금 취득하게 한 자는 10년 이하의 징역 또는 2,000만 원 이하의 벌금에 처하는 범죄입니다.

이상의 경우에는 형법 제353조에 의하여 모두 10년 이하의 자격정지를 병과할 수 있습니다.

형법 제352조에 의하여 미수범도 처벌합니다.

형법 제351조에 의하여 상습범에 대한 가중처벌 규정도 있습니다.

제1절 인터넷 물품거래 사기 사례

1. 인터넷 포털사이트 ○○○에서 ○○제품을 49만 원에 구입하고 대금을 계좌번호로 송금하자 택배로 보냈다며 송장번호와 포장한 ○○제품의 스크린 샷을 찍어 보낸 후 ○○제품을 보내지 않고 그대로 잠적

가, 판단

피고소인의 행위는 처음부터 물건을 판매할 생각이 없었거나 물건을 판매할 능력이 되지 않음에도 불구하고 고소인으로부터 물건 대금을 입금 받아 편취한 것으로 요약할 수 있습니다.

피고소인의 행위는 형법 제347조 제1항 사기죄로 의율하는 것이 타당하다 할 것입니다.

나, 진정서

위 사안에 대한 진정서는 다음과 같이 작성하시면 됩니다.

진   정   서

진 정 인 :   ○   ○   ○

피 진 정 인 :   ○   ○   ○

경기도 남양주경찰서장 귀중

진   정   서

1. 진 정 인

성 명	○ ○ ○	주민등록번호	생략
주 소	경기도 남양주시 ○○로 ○○길 ○○, ○○○호		
직 업	회사원	사무실 주 소	생략
전 화	(휴대폰) 010 - 9854 - 0000		
대리인에 의한 진 정	☐ 법정대리인 (성명 : , 연락처) ☐ 진정대리인 (성명 : 변호사, 연락처)		

2. 피진정인

성 명	○ ○ ○	주민등록번호	무지
주 소	무지		
대 표 자	무지		
전 화	(휴대폰) 010 - 3444 - 0000 계좌번호 우리은행 ○○ ○-○○○-○○-○○		
기타사항	진정인과의 관계 - 친·인척관계 없습니다.		

3. 진정취지

진정인은 피진정인을 형법 제347조 제1항 사기죄로 진정하오니 철저히 수
사하여 법에 준엄함을 절실히 깨달을 수 있도록 엄벌에 처하여 주시기 바
랍니다.

4. 진정원인

(1) 적용법조

형법 제347조(사기)

① 사람을 기망하여 재물의 교부를 받거나 재산상의 이익을 취득한 자는 10년 이하의 징역 또는 2,000만 원 이하의 벌금에 처한다.

② 전항의 방법으로 제3자로 하여금 재물의 교부를 받게 하거나 재산상의 이익을 취득하게 한 때에도 전항의 형과 같다.

(2) 당사자 관계

가, 진정인은 위 주소지에 거주하며 회사에 다니고 있고, 피진정인은 인터넷 포털사이트 ○○○을 통하여 ○○제품을 판매한 자입니다.

(3) 이 사건의 경위

가, 피진정인은 ○○○○. ○○. ○○. ○○:○○경 인터넷 포털사이트 ○○○에서 ○○제품을 49만 원에 판매한다며 휴대전화 ○○○-○○○○-○○○○으로 연락하라고 게재한 사실이 있습니다.

나, 진정인은 ○○○○. ○○. ○○. 피진정인의 위 휴대전화 ○○○-○○○○-○○○○번호로 전화하였는데 피진정인이 계좌번호 우리은행 ○○○-○○○-○○○○○으로 49만 원을 송금하면 늦어도 ○○○○. ○○. ○○.까지는 ○○제품을 진정인이 받을 수 있도록 택배로 보내고 송장번호와 포장한 ○○제품의 스크린 샷을 찍어 보내겠다고 해서 믿고 금 49만 원을 송금하였습니다.

다, ○○제품을 받기로 한 날짜의 밤 10시가 다 되도록 ○○제품이 도착하지 않아 진정인이 앞서 통화하였던 피진정인의 휴대전화로 전화하였으나 전화를 받지 않았는데 그 다음날 전화하여 간신히 피진정인과 전화를 통했는데 피진정인은 일반택배로 보내면 늦을 수 있어서 우체국택배로 붙이는 것이 빠를 수 있다며 네일 오전에는 꼭 붙여주겠다고 하였습니다.

라, 그 다음날에도 ○○제품이 오지 않아 피진정인에게 전화하였는데 이제는 아예 전화자체를 받지 않고 문자메시지로 수신을 거절한다는 문자가 온 후 지금까지 전혀 연락이 없고 끝내 위 ○○제품은 받지 못했습니다.

(4) 진정인의 피해상황

가, 진정인은 ○○제품을 구입하여 시골에 계시는 부모님께 드리려고 했는데 피진정인으로부터 ○○제품을 받지 못하는 바람에 다른 제품을 구입하여 시골로 다시 보내드렸습니다.

나, 피진정인이 진정인에게 판매한 위 ○○제품을 구입해 가져드리겠다고 부모님과 약속을 하고 기다렸으나 물거품이 되고 다시 ○○제품을 구입해 드리는 바람에 부모님은 물론이고 진정인은 그 충격으로 현재 정신과적 치료를 받을 정도로 피해를 입었습니다.

5. 진정이유

(1) 피진정인에 대한 처벌의 필요성

가, 피진정인은 진정인이 위와 같이 ○○제품을 구입해 시골에 계시는 노부모님께 꼭 가져다 드려야 한다는 것을 알면서도 오늘은 꼭 보내겠다 내일은 꼭 받아 보도록 우체국택배로 보내겠다고 하더니 진정인을 안심시키기 위해 송장번호와 포장한 사진을 찍어 보내주겠다고 해놓고 그 다음날부터 의도적으로 진정인의 전화를 아예 받지 않는 치밀함을 보였습니다.

나, 이와 같이 피진정인은 진정인에게 ○○제품을 판매하고 ○○제품을 보내주지 아니하였으므로 피진정인을 엄벌에 처할 수 있게 즉각적이고도 철저한 수사가 필요합니다.

6. 범죄의 성립근거

가, 사기죄 성립

처음부터 물건을 판매할 생각이 없었거나 물건을 판매할 능력이 되지 않음에도 불구하고 진정인으로부터 물건 대금을 입금 받았다면 형법 제347조 사기죄가 성립합니다.

나, 기망행위

피진정인은 인터넷 포털사이트 ○○○에서 ○○제품을 밀봉도 하지 않은 새 제품을 49만 원에 판매하겠다는 광고를 하여 소비자인 진정인을 기망하였습니다.

피진정인은 처음부터 ○○제품을 판매할 생각이 없었거나 ○○제품을 판매할 능력이 되지 않음에도 불구하고 진정인으로부터 ○○제품의 대금을 입금 받은 것이므로 형법 제347조에서 정한 기망행위가 인정됩니다.

7. 증거자료

□ 진정인은 진정인의 진술 외에 제출할 증거가 없습니다.

■ 진정인은 진정인의 진술 외에 제출할 증거가 있습니다.

☞ 제출할 증거의 세부내역은 별지를 작성하여 첨부합니다.

8. 관련사건의 수사 및 재판여부

① 중복 고소여부	본 진정서와 같은 내용의 고소장을 다른 검찰청 또는 경찰서에 제출하거나 제출하였던 사실이 있습니다 □ / 없습니다 ■
② 관련 형사사건 수사유무	본 진정서에 기재된 범죄사실과 관련된 사건 또는 공범에 대하여 검찰청이나 경찰서에서 수사 중에 있습니다 □ / 수사 중에 있지 않습니다 ■
③ 관련 민사소송 유무	본 진정서에 기재된 범죄사실과 관련된 사건에 대하여 법원에서 민사소송 중에 있습니다 □ / 민사소송 중에 있지 않습니다 ■

9. 기타

본 진정서에 기재한 내용은 진정인이 알고 있는 지식과 경험을 바탕으로 모두 사실대로 작성하였습니다.

○○○○ 년 ○○ 월 ○○ 일

위 진정인 : ○ ○ ○ (인)

경기도 남양주경찰서장 귀중

별지 : 증거자료 세부 목록

　　(범죄사실 입증을 위해 제출하려는 증거에 대하여 아래 각 증거별로
　　해당 난을 구체적으로 작성해 주시기 바랍니다)

1. 인적증거

성　명	○ ○ ○	주민등록번호	생략		
주　소	경기도 남양주시 ○○로 ○○길 ○○○,			직업	회사원
전　화	(휴대폰) 010 － 8988 － 0000				
입증하려는 내　용	위 ○○○은 진정인에게 피진정인의 ○○제품을 판매한다는 광고를 보고 알려준 사람으로 진정인이 ○○제품을 구입한 사실을 목격하였으므로 이를 입증하고자 합니다.				

2. 증거서류

순번	증　　거	작성자	제출 유무
1	캡처화면	진정인	■ 접수시 제출　　□ 수사 중 제출
2	송금영수증	진정인	■ 접수시 제출　　□ 수사 중 제출
3			□ 접수시 제출　　□ 수사 중 제출
4			□ 접수시 제출　　□ 수사 중 제출
5			□ 접수시 제출　　□ 수사 중 제출

3. 증거물

순번	증　　거	소유자	제출 유무
1	캡처화면	진정인	■ 접수시 제출　　□ 수사 중 제출
2			□ 접수시 제출　　□ 수사 중 제출
3			□ 접수시 제출　　□ 수사 중 제출
4			□ 접수시 제출　　□ 수사 중 제출
5			□ 접수시 제출　　□ 수사 중 제출

4. 기타증거

　　추후 필요에 따라 제출하겠습니다.

다, 고소장

위 사안에 대한 고소장은 다음과 같이 작성하시면 됩니다.

고   소   장

고 소 인 :   ○   ○   ○

피 고 소 인 :   ○   ○   ○

경기도 남양주경찰서장 귀중

고　　　소　　　장

1. 고소인

성　명	○ ○ ○	주민등록번호	생략
주　소	경기도 남양주시 ○○로 ○○길 ○○, ○○○호		
직　업	회사원	사무실 주　소	생략
전　화	(휴대폰) 010 - 9854 - 0000		
대리인에 의한 고　소	☐ 법정대리인 (성명 :　　 ,　　　연락처　　　　　　) ☐ 고소대리인 (성명 : 변호사,　　연락처　　　　　　)		

2. 피고소인

성　명	○ ○ ○	주민등록번호	무지
주　소	무지		
대 표 자	무지		
전　화	(휴대폰) 010 - 3444 - 0000 계좌번호 우리은행 ○○ ○-○○○-○○-○○		
기타사항	고소인과의 관계 - 친·인척관계 없습니다.		

3. 고소취지

고소인은 피고소인을 형법 제347조 제1항 사기죄로 고소하오니 철저히 수
사하여 법에 준엄함을 절실히 깨달을 수 있도록 엄벌에 처하여 주시기 바
랍니다.

4. 범죄사실

(1) 적용법조

형법 제347조(사기)

① 사람을 기망하여 재물의 교부를 받거나 재산상의 이익을 취득한 자는 10년 이하의 징역 또는 2,000만 원 이하의 벌금에 처한다.

② 전항의 방법으로 제3자로 하여금 재물의 교부를 받게 하거나 재산상의 이익을 취득하게 한 때에도 전항의 형과 같다.

(2) 당사자 관계

가, 고소인은 위 주소지에 거주하며 회사에 다니고 있고, 피고소인은 인터넷 포털사이트 ○○○을 통하여 ○○제품을 판매한 자입니다.

(3) 이 사건의 경위

가, 피고소인은 ○○○○. ○○. ○○. ○○:○○경 인터넷 포털사이트 ○○○에서 ○○제품을 49만 원에 판매한다며 휴대전화 ○○○-○○○○-○○○○으로 연락하라고 게재한 사실이 있습니다.

나, 고소인은 ○○○○. ○○. ○○. 피고소인의 위 휴대전화 ○○○-○○○○-○○○○번호로 전화하였는데 피고소인이 계좌번호 농협은행 ○○○-○○○-○○○○○으로 49만 원을 송금하면 늦어도 ○○○○. ○○. ○○.까지는 ○○제품을 고소인이 받을 수 있도록 택배로 보내고 송장번호와 포장한 ○○제품의 스크린 샷을 찍어 보내겠다고 해서 믿고 금 49만 원을 송금하였습니다.

다, ○○제품을 받기로 한 날짜의 밤 10시가 다 되도록 ○○제품이 도착하지 않아 고소인이 앞서 통화하였던 피고소인의 휴대전화로 전화하였으나 전화를 받지 않았는데 그 다음날 전화하여 간신히 피고소인과 전화를 통했는데 피고소인은 일반택배로 보내면 늦을 수 있어서 우체국택배로 붙이는 것이 빠를 수 있다며 내일 오전에는 꼭 붙여주겠다고 하였습니다.

라, 그 다음날에도 ○○제품이 오지 않아 피고소인에게 전화하였는데 이제는 아예 전화자체를 받지 않고 문자메시지로 수신을 거절한다는 문자가 온 후 지금까지 전혀 연락이 없고 끝내 위 ○○제품은 받지 못했습니다.

(4) 고소인의 피해상황

가, 고소인은 ○○제품을 구입하여 시골에 계시는 부모님께 드리려고 했는데 피고소인으로부터 ○○제품을 받지 못하는 바람에 다른 제품을 구입하여 시골로 다시 보내드렸습니다.

나, 피고소인이 고소인에게 판매한 위 ○○제품을 구입해 가져드리겠다고 부모님과 약속을 하고 기다렸으나 물거품이 되고 다시 ○○제품을 구입해 드리는 바람에 부모님은 물론이고 고소인은 그 충격으로 현재 정신과적 치료를 받을 정도로 피해를 입었습니다.

5. 고소이유

(1) 피고소인에 대한 처벌의 필요성

가, 피고소인은 고소인이 위와 같이 ○○제품을 구입해 시골에 계시는 노부모님께 꼭 가져다 드려야 한다는 것을 알면서도 오늘은 꼭 보내겠다 내일은 꼭 받아 보도록 우체국택배로 보내겠다고 하더니 고소인을 안심시키기 위해 송장번호와 포장한 사진을 찍어 보내주겠다고 해놓고 그 다음날부터 의도적으로 고소인의 전화를 아예 받지 않는 치밀함을 보였습니다.

나, 이와 같이 피고소인은 고소인에게 ○○제품을 판매하고 ○○제품을 보내주지 아니하였으므로 피고소인을 엄벌에 처할 수 있게 즉각적이고도 철저한 수사가 필요합니다.

6. 범죄의 성립근거

가, 사기죄 성립

처음부터 물건을 판매할 생각이 없었거나 물건을 판매할 능력이 되지 않음에도 불구하고 고소인으로부터 물건 대금을 입금 받았다면 형법 제347조 사기죄가 성립합니다.

나, 기망행위

피고소인은 인터넷 포털사이트 ○○○에서 ○○제품을 밀봉도 하지 않은 새 제품을 49만 원에 판매하겠다는 광고를 하여 소비자인 고소인을 기망하였습니다.

피고소인은 처음부터 ○○제품을 판매할 생각이 없었거나 ○○제품을 판매할 능력이 되지 않음에도 불구하고 고소인으로부터 ○○제품의 대금을 입금 받은 것이므로 형법 제347조에서 정한 기망행위가 인정됩니다.

7.증거자료

□ 고소인은 고소인의 진술 외에 제출할 증거가 없습니다.

■ 고소인은 고소인의 진술 외에 제출할 증거가 있습니다.

☞ 제출할 증거의 세부내역은 별지를 작성하여 첨부합니다.

8.관련사건의 수사 및 재판여부

① 중복 고소여부	본 고소장과 같은 내용의 고소장을 다른 검찰청 또는 경찰서에 제출하거나 제출하였던 사실이 있습니다 □ / 없습니다 ■
② 관련 형사사건 수사유무	본 고소장에 기재된 범죄사실과 관련된 사건 또는 공범에 대하여 검찰청이나 경찰서에서 수사 중에 있습니다 □ / 수사 중에 있지 않습니다 ■
③ 관련 민사소송 유무	본 고소장에 기재된 범죄사실과 관련된 사건에 대하여 법원에서 민사소송 중에 있습니다 □ / 민사소송 중에 있지 않습니다 ■

9.기타

본 고소장에 기재한 내용은 고소인이 알고 있는 지식과 경험을 바탕으로 모두 사실대로 작성하였으며, 만일 허위사실을 고소하였을 때에는 형법 제156조 무고죄로 처벌받을 것임을 아울러 서약합니다.

○○○○ 년 ○○ 월 ○○ 일

위 고소인 : ○ ○ ○ (인)

경기도 남양주경찰서장 귀중

별지 : 증거자료 세부 목록

　　　(범죄사실 입증을 위해 제출하려는 증거에 대하여 아래 각 증거별로
　　　해당 난을 구체적으로 작성해 주시기 바랍니다)

1. 인적증거

성 명	○ ○ ○	주민등록번호	생략		
주 소	경기도 남양주시 ○○로 ○○길 ○○○,			직업	회사원
전 화	(휴대폰) 010 - 8988 - 0000				
입증하려는 내 용	위 ○○○은 고소인에게 피고소인의 ○○제품을 판매한다는 광고를 보고 알려준 사람으로 고소인이 ○○제품을 구입한 사실을 목격하였으므로 이를 입증하고자 합니다.				

2. 증거서류

순번	증 거	작성자	제출 유무
1	캡처화면	고소인	■ 접수시 제출　□ 수사 중 제출
2	송금영수증	고소인	■ 접수시 제출　□ 수사 중 제출
3			□ 접수시 제출　□ 수사 중 제출
4			□ 접수시 제출　□ 수사 중 제출
5			□ 접수시 제출　□ 수사 중 제출

3. 증거물

순번	증 거	소유자	제출 유무
1	캡처화면	고소인	■ 접수시 제출　□ 수사 중 제출
2			□ 접수시 제출　□ 수사 중 제출
3			□ 접수시 제출　□ 수사 중 제출
4			□ 접수시 제출　□ 수사 중 제출
5			□ 접수시 제출　□ 수사 중 제출

4. 기타증거

　　추후 필요에 따라 제출하겠습니다.

제2절 인터넷 물품거래 사기 사례

2. 인터넷 포털사이트 중고나라에서 ○○휴대전화를 급매로 싸게 판다고 올린 글을 보고 문자메시지를 주고받고 금 77만 원에 거래하기로 하고 계좌번호로 대금을 송금하였으나 ○○휴대전화는 보내지 않고 연락이 두절

가. 판단

피고소인의 행위는 처음부터 ○○휴대전화를 판매할 생각이 없었거나 휴대전화를 판매할 능력이 되지 않음에도 불구하고 ○○휴대전화 판매대금을 입금 받아 편취한 것으로 요약할 수 있습니다.

피고소인의 행위는 형법 제347조 제1항 사기죄로 의율하는 것이 타당하다 할 것입니다.

나, 진정서

위 사안에 대한 진정서는 다음과 같이 작성하시면 됩니다.

진   정   서

진 정 인 : ○   ○   ○

피 진 정 인 : ○   ○   ○

경기도 화성경찰서장 귀중

진 정 서

1. 진 정 인

성 명	○ ○ ○	주민등록번호	생략
주 소	경기도 화성시 ○○로 ○○길 ○○, ○○○호		
직 업	상업	사무실 주 소	생략
전 화	(휴대폰) 010 - 9899 - 0000		
대리인에 의한 진 정	□ 법정대리인 (성명 : , 연락처) □ 진정대리인 (성명 : 변호사, 연락처)		

2. 피진정인

성 명	○ ○ ○	주민등록번호	무지
주 소	무지		
직 업	무지	사무실 주 소	
전 화	(휴대폰) 010 - 8880 - 0000 계좌번호 농협은행 ○○ ○-○○-○○-○○○		
기타사항	진정인과의 관계 - 친·인척관계 없습니다.		

3. 진정취지

진정인은 피진정인을 형법 제347조 제1항 사기죄로 진정하오니 철저히 수사하여 법에 준엄함을 절실히 깨달을 수 있도록 엄벌에 처하여 주시기 바랍니다.

4. 진원원인

(1) 적용법조

형법 제347조(사기)

① 사람을 기망하여 재물의 교부를 받거나 재산상의 이익을 취득한 자는 10년 이하의 징역 또는 2,000만 원 이하의 벌금에 처한다.

② 전항의 방법으로 제3자로 하여금 재물의 교부를 받게 하거나 재산상의 이익을 취득하게 한 때에도 전항의 형과 같다.

(2) 당사자 관계

가, 진정인은 위 주소지에 거주하며 ○○시 소재 ○○에서 상업에 종사하고 있습니다.

나, 피진정인은 인터넷 포털사이트 중고나라를 통하여 ○○휴대전화를 급매로 판매한 자입니다.

(3) 이 사건의 경위

가, 진정인은 ○○○○. ○○. ○○. ○○:○○경 우연히 인터넷 포털사이트 중고나라에서 피진정인이 ○○휴대전화를 급매로 싸게 판다고 올린 글을 보고 피진정인과 문자메시지를 주고받았습니다.

나, 진정인은 피진정인과 위 ○○휴대전화를 금 77만 원에 거래하기로 하고 피진정인이 요구하는 계좌번호 농협은행 ○○○-○○○-○○○의 ○○○ 명의로 송금하였으나 ○○휴대전화는 피진정인이 진정인에게 보내지 않고 진정인이 계속해서 연락하였으나 연락이 두절된 상태입니다.

다, 진정인이 더치트 사이트를 통하여 피진정인이 사용하던 휴대전화 ○
○○-○○○○-○○○○를 조회한 결과 진정인 외 ○명의 피해자가
있는 것으로 추정됩니다.

(4) 진정인의 피해상황

가, 진정인은 위 ○○휴대전화를 구입하여 사용하려고 모아두었던 돈을
몽땅 피진정인에게 고스란히 사기 당하는 말았습니다.

나, 피진정인에게 위와 같이 사기를 당한 진정인은 그 충격으로 현재 정
신과적 치료를 받고 있는 피해를 입었습니다.

5. 진정이유

(1) 피진정인에 대한 처벌의 필요성

가, 피진정인은 진정인 이외에도 수많은 피해자들에게 똑같은 수법으로
사기범죄를 저질러 상당한 사람들이 피해를 입고 있는 것으로 추정
되므로 더 이상 진정인과 같은 선량한 피해자가 발생되지 않기 위
해 신속하게 피진정인을 검거하여야 합니다.

나, 반드시 피진정인을 구속 수사하여 다시는 이러한 범행을 하지 못하
도록 즉각적이고도 철저한 수사가 필요합니다.

6. 범죄의 성립근거

가, 사기죄 성립

처음부터 물건을 판매할 생각이 없었거나 물건을 판매할 능력이 되지 않음에도 불구하고 진정인으로부터 물건 대금을 입금 받았다면 이는 형법 제347조에서 규정한 사기죄가 성립합니다.

나. 기망행위

피진정인은 인터넷 포털사이트 중고나라에서 ○○휴대전화를 싼 가격으로 판매하겠다는 글을 올리고 소비자인 진정인을 기망하였습니다.

피진정인은 처음부터 ○○휴대전화를 진정인에게 판매할 생각이 없었거나 ○○휴대전화를 판매할 능력이 되지 않음에도 불구하고 진정인으로부터 ○○휴대전화의 대금을 입금 받고 ○○휴대전화를 진정인에게 보내지 않은 것은 형법 제347조에서 정한 기망행위가 인정됩니다.

7. 증거자료

□ 진정인은 진정인의 진술 외에 제출할 증거가 없습니다.
■ 진정인은 진정인의 진술 외에 제출할 증거가 있습니다.
　☞ 제출할 증거의 세부내역은 별지를 작성하여 첨부합니다.

8.관련사건의 수사 및 재판여부

① 중복 고소여부	본 진정서와 같은 내용의 고소장을 다른 검찰청 또는 경찰서에 제출하거나 제출하였던 사실이 있습니다 □ / 없습니다 ■
② 관련 형사사건 수사유무	본 진정서에 기재된 범죄사실과 관련된 사건 또는 공범에 대하여 검찰청이나 경찰서에서 수사 중에 있습니다 □ / 수사 중에 있지 않습니다 ■
③ 관련 민사소송 유무	본 진정서에 기재된 범죄사실과 관련된 사건에 대하여 법원에서 민사소송 중에 있습니다 □ / 민사소송 중에 있지 않습니다 ■

9.기타

본 진정서에 기재한 내용은 진정인이 알고 있는 지식과 경험을 바탕으로 모두 사실대로 작성하였습니다.

○○○○ 년 ○○ 월 ○○ 일

위 진정인 : ○ ○ ○ (인)

경기도 화성경찰서장 귀중

별지 : 증거자료 세부 목록

　　　(범죄사실 입증을 위해 제출하려는 증거에 대하여 아래 각 증거별로
　　　해당 난을 구체적으로 작성해 주시기 바랍니다)

1. 인적증거

성 명	○ ○ ○	주민등록번호	생략		
주 소	경기도 화성시 ○○로 ○○길 ○○○,			직업	회사원
전 화	(휴대폰) 010 － 6654 － 0000				
입증하려는 내 용	위 ○○○은 진정인이 피진정인으로부터 ○○○휴대전화를 구입한 사실과 그 대금을 피진정인에게 송금한 사실을 목격하였으므로 이를 입증하고자 합니다.				

2. 증거서류

순번	증 거	작성자	제출 유무	
1	캡처화면	진정인	■ 접수시 제출	□ 수사 중 제출
2	송금영수증	진정인	■ 접수시 제출	□ 수사 중 제출
3			□ 접수시 제출	□ 수사 중 제출
4			□ 접수시 제출	□ 수사 중 제출
5			□ 접수시 제출	□ 수사 중 제출

3. 증거물

순번	증 거	소유자	제출 유무	
1	캡처화면	진정인	■ 접수시 제출	□ 수사 중 제출
2			□ 접수시 제출	□ 수사 중 제출
3			□ 접수시 제출	□ 수사 중 제출
4			□ 접수시 제출	□ 수사 중 제출
5			□ 접수시 제출	□ 수사 중 제출

4. 기타증거

　　추후 필요에 따라 제출하겠습니다.

다, 고소장

위 사안에 대한 고소장은 다음과 같이 작성하시면 됩니다.

고　　　소　　　장

고　소　인 : ○　　　○　　　○

피 고 소 인 : ○　　　○　　　○

경기도 화성경찰서장 귀중

고 소 장

1. 고소인

성 명	○ ○ ○	주민등록번호	생략
주 소	경기도 화성시 ○○로 ○○길 ○○, ○○○호		
직 업	상업	사무실 주 소	생략
전 화	(휴대폰) 010 - 9899 - 0000		
대리인에 의한 고 소	□ 법정대리인 (성명 : , 연락처) □ 소송대리인 (성명 : 변호사, 연락처)		

2. 피고소인

성 명	○ ○ ○	주민등록번호	무지
주 소	무지		
직 업	무지	사무실 주 소	
전 화	(휴대폰) 010 - 8880 - 0000		
기타사항	고소인과의 관계 - 친·인척관계 없습니다.		

3. 고소취지

고소인은 피고소인을 형법 제347조 제1항 사기죄로 고소하오니 철저히 수사하여 법에 준엄함을 절실히 깨달을 수 있도록 엄벌에 처하여 주시기 바랍니다.

4. 범죄사실

(1) 적용법조

형법 제347조(사기)

① 사람을 기망하여 재물의 교부를 받거나 재산상의 이익을 취득한 자는 10년 이하의 징역 또는 2,000만 원 이하의 벌금에 처한다.

② 전항의 방법으로 제3자로 하여금 재물의 교부를 받게 하거나 재산상의 이익을 취득하게 한 때에도 전항의 형과 같다.

(2) 당사자 관계

가, 고소인은 위 주소지에 거주하며 ○○시 소재 ○○에서 상업에 종사하고 있습니다.

나, 피고소인은 인터넷 포털사이트 중고나라를 통하여 ○○○휴대전화를 급매로 판매한 자입니다.

(3) 이 사건의 경위

가, 고소인은 ○○○○. ○○. ○○. ○○:○○경 우연히 인터넷 포털사이트 중고나라에서 피고소인이 ○○○휴대전화를 급매로 싸게 판다고 올린 글을 보고 피고소인과 문자메시지를 주고받았습니다.

나, 고소인은 피고소인과 위 ○○○휴대전화를 금 77만 원에 거래하기로 하고 피고소인이 요구하는 계좌번호 카카오페이 ○○○-○○○-○○○의 ○○○ 명의로 송금하였으나 ○○○휴대전화는 피고소인이 고소인에게 보내지 않고 고소인이 계속해서 연락하였으나 연락이 두 절된 상태입니다.

다, 고소인이 더치트 사이트를 통하여 피고소인이 사용하던 휴대전화 ○○○-○○○○-○○○○를 조회한 결과 고소인 외 ○명의 피해자가 있는 것으로 추정됩니다.

(4) 고소인의 피해상황

가, 고소인은 위 ○○○휴대전화를 구입하여 사용하려고 모아두었던 돈을 몽땅 피고소인에게 고스란히 사기 당하는 말았습니다.

나, 피고소인에게 위와 같이 사기를 당한 고소인은 그 충격으로 현재 정신과적 치료를 받고 있는 피해를 입었습니다.

5. 고소이유

(1) 피고소인에 대한 처벌의 필요성

가, 피고소인은 고소인 이외에도 수많은 피해자들에게 똑같은 수법으로 사기범죄를 저질러 상당한 사람들이 피해를 입고 있는 것으로 추정되므로 더 이상 고소인과 같은 선량한 피해자가 발생되지 않기 위해 신속하게 피고소인을 검거하여야 합니다.

나, 반드시 피고소인을 구속 수사하여 다시는 이러한 범행을 하지 못하도록 즉각적이고도 철저한 수사가 필요합니다.

6.범죄의 성립근거

가, 사기죄 성립

처음부터 물건을 판매할 생각이 없었거나 물건을 판매할 능력이 되지 않음에도 불구하고 고소인으로부터 물건 대금을 입금 받았다면 이는 형법 제347조에서 규정한 사기죄가 성립합니다.

나, 기망행위

피고소인은 인터넷 포털사이트 중고나라에서 ○○○휴대전화를 싼 가격으로 판매하겠다는 글을 올리고 소비자인 고소인을 기망하였습니다.

피고소인은 처음부터 ○○○휴대전화를 고소인에게 판매할 생각이 없었거나 ○○○휴대전화를 판매할 능력이 되지 않음에도 불구하고 고소인으로부터 ○○○휴대전화의 대금을 입금 받고 ○○○휴대전화를 고소인에게 보내지 않은 것은 형법 제347조에서 정한 기망행위가 인정됩니다.

7.증거자료

☐ 고소인은 고소인의 진술 외에 제출할 증거가 없습니다.
■ 고소인은 고소인의 진술 외에 제출할 증거가 있습니다.
   ☞ 제출할 증거의 세부내역은 별지를 작성하여 첨부합니다.

8. 관련사건의 수사 및 재판여부

① 중복 고소여부	본 고소장과 같은 내용의 고소장을 다른 검찰청 또는 경찰서에 제출하거나 제출하였던 사실이 있습니다 □ / 없습니다 ■
② 관련 형사사건 수사유무	본 고소장에 기재된 범죄사실과 관련된 사건 또는 공범에 대하여 검찰청이나 경찰서에서 수사 중에 있습니다 □ / 수사 중에 있지 않습니다 ■
③ 관련 민사소송 유무	본 고소장에 기재된 범죄사실과 관련된 사건에 대하여 법원에서 민사소송 중에 있습니다 □ / 민사소송 중에 있지 않습니다 ■

9. 기타

본 고소장에 기재한 내용은 고소인이 알고 있는 지식과 경험을 바탕으로 모두 사실대로 작성하였으며, 만일 허위사실을 고소하였을 때에는 형법 제156조 무고죄로 처벌받을 것임을 아울러 서약합니다.

○○○○ 년 ○○ 월 ○○ 일

위 고소인 : ○ ○ ○ (인)

경기도 화성경찰서장 귀중

별지 : 증거자료 세부 목록

　　　(범죄사실 입증을 위해 제출하려는 증거에 대하여 아래 각 증거별로
　　　해당 난을 구체적으로 작성해 주시기 바랍니다)

1. 인적증거

성　명	○ ○ ○	주민등록번호	생략		
주　소	경기도 화성시 ○○로 ○○길 ○○○,			직업	회사원
전　화	(휴대폰) 010 - 6654 - 0000				
입증하려는 내　용	위 ○○○은 고소인이 피고소인으로부터 ○○○휴대전화를 구입한 사실과 그 대금을 피고소인에게 송금한 사실을 목격하였으므로 이를 입증하고자 합니다.				

2. 증거서류

순번	증　거	작성자	제출 유무
1	캡처화면	고소인	■ 접수시 제출　□ 수사 중 제출
2	송금영수증	고소인	■ 접수시 제출　□ 수사 중 제출
3			□ 접수시 제출　□ 수사 중 제출
4			□ 접수시 제출　□ 수사 중 제출
5			□ 접수시 제출　□ 수사 중 제출

3. 증거물

순번	증　거	소유자	제출 유무
1	캡처화면	고소인	■ 접수시 제출　□ 수사 중 제출
2			□ 접수시 제출　□ 수사 중 제출
3			□ 접수시 제출　□ 수사 중 제출
4			□ 접수시 제출　□ 수사 중 제출
5			□ 접수시 제출　□ 수사 중 제출

4. 기타증거

　　추후 필요에 따라 제출하겠습니다.

제9장 게임 아이템 사기

인터넷 게임 상에서 이용되는 장비와 소모품을 가리켜 '게임 아이템' 이라고 부릅니다.

게임 아이템은 인터넷게임 상에서 칼이나 활 같은 무기와 갑옷이나 방패와 같은 게임을 위한 방어용 장비를 비롯하여 캐릭터에게 입히는 옷과 액세서리 또는 캐릭터의 체력이나 마력을 올려주기 위한 소모품을 게임 아이템이라고 합니다.

그러므로 게임 아이템은 게임의 레벨을 올리고 승부를 결정하는 데 큰 역할을 하는 것도 사실이고, 이러한 게임 아이템은 게임을 개발한 업체에서 유료로 팔거나 게임 도중에 얻기도 합니다.

게임 아이템은 단순한 인터넷 온라인상의 취미생활을 넘어 돈을 벌 수 있는 재테크 수단이 되었고 게임 아이템을 팔고 사거나 아예 자신의 계정까지 넘기기로 하고 돈을 받고 팔기도 합니다.

게임 아이템을 취득하기 위해서는 유료 아이템은 현금을 내야하고 무료 아이템은 시간과 노력을 투자하는 등 반대급부를 내야 하기 때문에 게임 아이템이 현실적으로 거래의 대상이 돼 금전으로 그 가치가 평가되고 있으므로 경제적 교환가치를 충분히 인정할 수 있으므로 형법상 보호의 객체가 되는 재산상 이익에 해당합니다.

게임 아이템은 하나의 재산상의 이익이기 때문에 처벌할 수 있습니다.

게임 아이템은 재산상 이익이며 재산의 일부가 될 수 있으므로 게임 아이템 사기는 형법 제347조 사기죄로 처벌할 수 있습니다.

현금과 게임 아이템의 교환일 경우 거래는 보통 현금이 먼저 이동을 하게 됩니다.

이유는 게임머니나 게임 아이템이 먼저 이동할 경우 사기죄성립이 힘들 수도 있는데 이는 자신의 IP로 접속해서 스스로 넘겨줬다면 이 또한 범죄로 인식이 안 될 수 있기 때문입니다.

그래서 보통 현금과 게임 아이템의 교환은 현금 이동 후 게임 아이템을 전해주는 식으로 이뤄지게 됩니다.

게임 아이템을 구매하기로 하고 선 입금을 하였는데 게임 아이템을 받지 못한 경우 명백히 재산상의 손실로 보기 때문에 형법 제347조 사기죄가 성립하지만 게임 아이템을 자신의 IP로 접속해 먼저 넘겨주고 돈을 지급하지 않는 경우 게임회사에서 유저에게 임대를 해준 것으로 보기 때문에 사유재산에 해당하지 않아 사기죄는 성립하지 않기 때문에 민사소송을 제기하여 돈을 돌려받을 수밖에 없습니다.

인터넷 온라인 게임상에서 게임 아이템을 판매한다고 거짓말로 속이고 이에 속은 피해자로부터 게임 아이템 판매대금을 송금 받고 그 게임 아이템을 보내주지 않고 그 피해금도 돌려주지 않으면 형법 제347조 사기죄가 성립합니다.

온라인 게임 아이템 사기가 성립하기 위해서는 처음부터 온라인 게임의 계정을 판매할 의사 없이 (1) 온라인 게임의 계정을 판매한다고 속이고 대금을 송금 받고 게임 아이템을 주지 않는 경우, (2) 게임 아이템 대금을 송금 받고 게임 아이템을 전송한 후 바로 게임사에 해킹을 허위로 신고하는 경우, (3) 즉시 계정의 비밀번호를 변경하여 판매한 아이템을 되찾아 가는 것은 형법 제347조 사기죄가 성립합니다.

게임머니 사기

　　인터넷 온라인상의 게임은 취미생활을 넘어 이제는 돈을 벌 수 있는 재테크 수단이 되었고 게임머니를 팔고 사거나 아예 자신이 게임사로 임대받은 계정을 넘기기로 하고 돈을 받고 팔기도 합니다.

　　그만큼 게임에 대한 수요가 늘고, 이를 파악하고 공급하려는 사람도 늘어 하나의 게임머니 거대시장이 형성 된지 오래 됐습니다.

　　보통 게임 안에서 게임머니를 벌기가 어렵고 또 시간도 오래 걸리기 때문에 단시간에 무기 등을 업그레이드하기 위해 게임머니를 구매하려는 유저들이 많아졌습니다.

　　이러한 유저들의 심리를 이용해 판매자가 게임머니를 저렴한 가격에 판매하는 것처럼 속이고 그 대금만 받은 후 사라져 버리는 사건을 바로 게임머니 사기라고 합니다.

　　게임머니 시장은 비 대면으로 얼굴을 보지 않고 익명으로 이루어지는 거래라서 그런지 게임머니 거래와 관련한 사기사건은 단순한 게임이라는 취미생활을 넘어 5만 원 대의 게임머니 사기부터 크게는 수백만 원, 수천만 원 대의 게임머니 사기까지 발생하고 있습니다.

　　게임머니 사기도 하나의 재산상의 이익이기 때문에 처벌할 수 있습니다.

　　위와 같이 영리목적의 게임머니 역시 재산상 이익이며, 재산의 일부가 될 수 있으므로 게임머니 사기는 형법 제347조 사기죄로 처벌받을 수 있습니다.

　　금전적으로 거래되는 온라인 게임머니로 사기를 범했다면 충분히 형법 제347조 사기죄가 성립되어 형사적으로 처벌됩니다.

현금과 게임머니의 교환일 경우 거래는 보통 현금이 먼저 이동을 하게 됩니다.

이 이유는 게임머니를 먼저 이동할 경우 사기죄성립이 힘들 수도 있는데 이는 자신의 IP로 접속해서 스스로 넘겨줬다면 이 또한 범죄로 인식이 안 될 수 있기 때문입니다.

그래서 보통 현금과 게임머니의 교환은 현금이 이동 후 게임머니를 전해주는 식으로 이뤄지게 됩니다.

게임머니를 구매하기로 하고 선 입금을 하였는데 게임머니를 받지 못한 경우 명백히 재산상의 손실로 보기 때문에 형법 제347조 사기죄가 성립하지만 게임머니를 자신의 IP로 접속해 먼저 넘겨주고 돈을 지급하지 않는 경우 게임사에서 유저에게 임대를 해준 것으로 보기 때문에 사유재산에 해당하지 않아 사기죄는 성립하지 않기 때문에 민사소송을 제기하여 돈을 돌려받을 수밖에 없습니다.

인터넷 온라인 게임 상에서 게임머니를 판매한다고 거짓말로 속이고 이에 속은 피해자로부터 게임머니 판매대금을 송금 받고 그 게임머니를 보내주지 않고 그 피해금도 돌려주지 않으면 형법 제347조 사기죄가 성립합니다.

온라인 게임머니 사기가 성립하기 위해서는 처음부터 온라인 게임머니를 판매할 의사 없이 (1) 온라인 게임머니를 싼 가격으로 판매한다고 속이고 대금을 송금 받고 게임머니를 주지 않는 경우, (2) 게임머니 대금을 송금 받고 게임머니를 전송한 후 바로 게임사에 해킹신고를 하는 경우, (3) 즉시 계정의 비밀번호를 변경하여 판매한 게임머니를 되찾아 가는 것은 형법 제347조 사기죄가 성립하여 처벌할 수 있습니다.

제1절 게임 아이템 사기 사례

1. 인터넷 포털사이트 온라인 '바람의 나라'의 게임을 모두 정리하고 외국으로 이민을 가야한다며 게임 재화와 아이템을 총 700만 원에 팔겠다는 글을 올리고 구매대금을 송금 받아 편취

가, 판단

범인의 행위는 처음부터 게임 아이템을 판매할 생각이 없었거나 능력이 되지 않음에도 불구하고 게임 아이템 구매대금을 송금 받아 편취한 것으로 요약할 수 있습니다.

범인의 위 기망행위는 형법 제347조 제1항 사기죄로 의율하는 것이 타당하다 할 것입니다.

나, 진정서

위 사안에 대한 진정서는 다음과 같이 작성하시면 됩니다.

진   정   서

진 정 인 : ○   ○   ○

피 진 정 인 : ○   ○   ○

제주도 동부경찰서장 귀중

진 정 서

1. 진 정 인

성 명	○ ○ ○	주민등록번호	생략
주 소	제주특별자치도 제주시 ○○로 ○○, ○○○호		
직 업	사업	사무실 주 소	생략
전 화	(휴대폰) 010 - 7765 - 0000		
대리인에 의한 진 정	☐ 법정대리인 (성명 : , 연락처) ☐ 진정대리인 (성명 : 변호사, 연락처)		

2. 피진정인

성 명	○ ○ ○	주민등록번호	불상
주 소	불상		
직 업	불상	사무실 주 소	온라인 게임 '바람의 나라' 에서
전 화	(휴대폰) 010 - 5541 - 0000		
기타사항	계좌번호 국민은행 ○○○○-○○-○○○-○○		

3. 진정취지

진정인은 피진정인을 형법 제347조 제1항 사기죄로 진정하오니 철저히 수사하여 피진정인이 법에 준엄함을 절실히 깨달을 수 있도록 엄벌에 처하여 주시기 바랍니다.

4. 진정원인

(1) 진정인은 ○○○○. ○○. ○○. 17:20경 우연히 인터넷 포털사이트 온라인 '바람의 나라'의 게임을 모두 정리하고 외국으로 이민을 가야한다며 피진정인이 가지고 있던 게임 재화와 아이템을 총 700만 원에 팔겠다는 글을 보고 진정인이 피진정인에게 문자로 연락을 하고 일괄 구매를 하겠다고 하자 피진정인은 문자메시지로 국민은행 ○○○○-○○-○○○-○○ 계좌를 보내고 구매대금을 보내달라고 하여 이를 믿고 진정인은 위 계좌로 금 700만 원을 이체하였습니다.

(2) 진정인이 위 구매대금을 보낸 후 바로 피진정인에게 문자메시지로 구매대금 700만 원을 보냈으니 위 온라인 게임 '바람의 나라'의 게임 상 재화와 아이템을 보내달라고 보냈는데 이때부터 피진정인은 진정인의 문자메시지를 읽지 않고 진정인이 그 후로 계속해서 문자메시지를 보냈으나 답장도 없고 휴대전화로 연락을 취해도 아무런 대답도 없이 전혀 연락이 되지 않습니다.

(3) 피진정인은 진정인에게 처음부터 위 게임 아이템을 판매할 의사와 능력이 없었음에도 불구하고 게임 아이템을 진정인에게 판매하겠다고 속이고 진정인으로부터 게임 아이템 구매대금 700만 원을 송금 받아 편취하였습니다.

(4) 진정인으로서는 피진정인에 대한 인적사항은 알지 못하고 피진정인이 범죄수단으로 이용한 휴대전화 ○○○-○○○○-○○○○번과 국민은행 위 계좌번호와 예금주명 그리고 문자메시지로 주고받은 내용뿐입니다.

(5) 진정인에게는 큰 돈입니다. 피진정인과 같은 나쁜 사람에게 게임 아이템 구매대금 7,000,000원을 기부하기가 너무 싫어서 사기죄로 진정하게 되었습니다.

이에 ˙피진정인을 형법 제347조 제1항 사기혐의로 진정하오니 철저히 수사하여 엄벌에 처하여 주시기 바랍니다.

5. 증거자료

☐ 진정인은 진정인의 진술 외에 제출할 증거가 없습니다.

■ 진정인은 진정인의 진술 외에 제출할 증거가 있습니다.

☞ 제출할 증거의 세부내역은 별지를 작성하여 첨부합니다.

6. 관련사건의 수사 및 재판 여부

① 중복 신고여부	본 진정서와 같은 내용의 진정서 또는 고소장을 다른 검찰청 또는 경찰서에 제출하거나 제출하였던 사실이 있습니다.☐/없습니다. ■
② 관련 형사사건 수사 유무	본 진정서에 기재된 범죄사실과 관련된 사건 또는 공범에 대하여 검찰청이나 경찰서에서 수사 중에 있습니다. ☐/수사 중에 있지 않습니다. ■
③ 관련 민사소송 유무	본 진정서에 기재된 범죄사실과 관련된 사건에 대하여 법원에서 민사소송 중에 있습니다. ☐/민사소송 중에 있지 않습니다. ■

7. 기타

본 진정서에 기재한 내용은 진정인이 알고 있는 지식과 경험을 바탕으로 모두 사실대로 작성하였습니다.

○○○○ 년 ○○ 월 ○○ 일

위 진정인 : ○　○　○　(인)

제주도 동부경찰서장 귀중

별지 : 증거자료 세부 목록

　　(범죄사실 입증을 위해 제출하려는 증거에 대하여 아래 각 증거별로 해당 난을 구체적으로 작성해 주시기 바랍니다)

1.인적증거 (목격자, 기타 참고인 등)

성　명		주민등록번호		
주　소	자택 : 직장 :		직업	
전　화	(휴대폰)			
입증하려는 내　용				

2.증거서류(진술서, 차용증, 각서, 진단서 등)

순번	증　거	작성자	제출 유무
1	계좌송금영수증	진정인	■ 접수시 제출　□ 수사 중 제출
2	캡처화면	진정인	■ 접수시 제출　□ 수사 중 제출
3			□ 접수시 제출　□ 수사 중 제출
4			□ 접수시 제출　□ 수사 중 제출
5			□ 접수시 제출　□ 수사 중 제출

3.증거물

순번	증　거	작성자	제출 유무
1	영수증	진정인	■ 접수시 제출　□ 수사 중 제출
2	카 톡 내용	진정인	■ 접수시 제출　□ 수사 중 제출
3			□ 접수시 제출　□ 수사 중 제출
4			□ 접수시 제출　□ 수사 중 제출
5			□ 접수시 제출　□ 수사 중 제출

4.기타 증거

　필요에 따라 수시 제출하겠습니다.

다, 고소장

위 사안에 대한 고소장은 다음과 같이 작성하시면 됩니다.

고   소   장

고 소 인 : ○   ○   ○

피 고 소 인 : ○   ○   ○

제주도 동부경찰서장 귀중

고 소 장

1. 고 소 인

성 명	○ ○ ○	주민등록번호	생략
주 소	제주특별자치도 제주시 ○○로 ○○, ○○○호		
직 업	사업	사무실 주 소	생략
전 화	(휴대폰) 010 - 7765 - 0000		
대리인에 의한 고 소	☐ 법정대리인 (성명 : , 연락처) ☐ 고소대리인 (성명 : 변호사, 연락처)		

2. 피고소인

성 명	○ ○ ○	주민등록번호	불상
주 소	불상		
직 업	불상	사무실 주 소	온라인 게임 '바람의 나라' 에서
전 화	(휴대폰) 010 - 5541 - 0000		
기타사항	계좌번호 국민은행 ○○○○-○○-○○○-○○		

3. 고소취지

고소인은 피고소인을 형법 제347조 제1항 사기죄로 고소하오니 철저히 수사하여 피고소인이 법에 준엄함을 절실히 깨달을 수 있도록 엄벌에 처하여 주시기 바랍니다.

4. 범죄사실

(1) 고소인은 ○○○○. ○○. ○○. 17:20경 우연히 인터넷 포털사이트 온라인 '바람의 나라'의 게임을 모두 정리하고 외국으로 이민을 가야한다며 피고소인이 가지고 있던 게임 재화와 아이템을 총 700만 원에 팔겠다는 글을 보고 고소인이 피고소인에게 문자로 연락을 하고 일괄 구매를 하겠다고 하자 피고소인은 문자메시지로 국민은행 ○○○○-○○-○○○-○○ 계좌를 보내고 구매대금을 보내달라고 하여 이를 믿고 고소인은 위 계좌로 금 700만 원을 이체하였습니다.

(2) 고소인이 위 구매대금을 보낸 후 바로 피고소인에게 문자메시지로 구매대금 700만 원을 보냈으니 위 온라인 게임 '바람의 나라'의 게임 상 재화와 아이템을 보내달라고 보냈는데 이때부터 피고소인은 고소인의 문자메시지를 읽지 않고 고소인이 그 후로 계속해서 문자메시지를 보냈으나 답장도 없고 휴대전화로 연락을 취해도 아무런 대답도 없이 전혀 연락이 되지 않습니다.

(3) 피고소인은 고소인에게 처음부터 위 게임 아이템을 판매할 의사와 능력이 없었음에도 불구하고 게임 아이템을 고소인에게 판매하겠다고 속이고 고소인으로부터 게임 아이템 구매대금 700만 원을 송금 받아 편취하였습니다.

(4) 고소인으로서는 피고소인에 대한 인적사항은 알지 못하고 피고소인이 범죄수단으로 이용한 휴대전화 ○○○-○○○○-○○○○번과 국민은행 위 계좌번호와 예금주명 그리고 문자메시지로 주고받은 내용뿐입니다.

(5) 고소인에게는 큰 돈입니다. 피고소인과 같은 나쁜 사람에게 게임 아이템 구매대금 7,000,000원을 기부하기가 너무 싫어서 사기죄로 고소하게 되었습니다.

이에 피고소인을 형법 제347조 제1항 사기혐의로 고소하오니 철저히 수사하여 엄벌에 처하여 주시기 바랍니다.

5.증거자료

□ 고소인은 고소인의 진술 외에 제출할 증거가 없습니다.

■ 고소인은 고소인의 진술 외에 제출할 증거가 있습니다.

☞ 제출할 증거의 세부내역은 별지를 작성하여 첨부합니다.

6.관련사건의 수사 및 재판 여부

① 중복 신고여부	본 고소장과 같은 내용의 진정서 또는 고소장을 다른 검찰청 또는 경찰서에 제출하거나 제출하였던 사실이 있습니다.□/없습니다. ■
② 관련 형사사건 수사 유무	본 고소장에 기재된 범죄사실과 관련된 사건 또는 공범에 대하여 검찰청이나 경찰서에서 수사 중에 있습니다. □/수사 중에 있지 않습니다. ■
③ 관련 민사소송 유무	본 고소장에 기재된 범죄사실과 관련된 사건에 대하여 법원에서 민사소송 중에 있습니다. □/민사소송 중에 있지 않습니다. ■

7.기타

본 고소장에 기재한 내용은 고소인이 알고 있는 지식과 경험을 바탕으로 모두 사실대로 작성하였으며, 만일 허위사실을 고소하였을 때에는 형법 제156조 무고죄로 처벌받을 것임을 아울러 서약합니다.

○○○○ 년 ○○ 월 ○○ 일

위 고소인 : ○   ○   ○   (인)

제주도 동부경찰서장 귀중

별지 : 증거자료 세부 목록

　　　(범죄사실 입증을 위해 제출하려는 증거에 대하여 아래 각 증거별로
　　　해당 난을 구체적으로 작성해 주시기 바랍니다)

1.인적증거 (목격자, 기타 참고인 등)

성　　명		주민등록번호			
주　　소	자택 : 직장 :			직업	
전　　화	(휴대폰)				
입증하려는 내　　용					

2.증거서류(진술서, 차용증, 각서, 진단서 등)

순번	증　　거	작성자	제출 유무
1	계좌송금영수증	고소인	■ 접수시 제출　□ 수사 중 제출
2	캡처화면	고소인	■ 접수시 제출　□ 수사 중 제출
3			□ 접수시 제출　□ 수사 중 제출
4			□ 접수시 제출　□ 수사 중 제출
5			□ 접수시 제출　□ 수사 중 제출

3.증거물

순번	증　　거	작성자	제출 유무
1	영수증	고소인	■ 접수시 제출　□ 수사 중 제출
2	카 톡 내용	고소인	■ 접수시 제출　□ 수사 중 제출
3			□ 접수시 제출　□ 수사 중 제출
4			□ 접수시 제출　□ 수사 중 제출
5			□ 접수시 제출　□ 수사 중 제출

4.기타 증거

　　필요에 따라 수시 제출하겠습니다.

제2절 게임머니 사기 사례

2. 인터넷 포털사이트 ○○게임 상에서 게임머니를 판매한다는 글을 보고 게임머니를 금 750,000원에 구입하기로 하고 계좌로 그 대금을 송금 받고 게임머니를 주지 않고 편취

가, 판단

피고소인의 기망행위는 처음부터 게임머니를 판매할 생각이 없었거나 능력이 되지 않음에도 불구하고 게임머니 대금을 입금 받아 편취한 것으로 요약할 수 있습니다.

피고소인의 위 행위는 형법 제347조 제1항 사기죄로 의율하는 것이 타당하다 할 것입니다.

나, 진정서

위 사안에 대한 진정서는 다음과 같이 작성하시면 됩니다.

진   정   서

진 정 인 : ○   ○   ○

피 진 정 인 : ○   ○   ○

부산시 해운대경찰서장 귀중

진 정 서

1. 진 정 인

성 명	○ ○ ○	주민등록번호	생략
주 소	부산시 ○○구 ○○로 ○○, ○○○-○○○호		
직 업	상업	사무실 주 소	생략
전 화	(휴대폰) 010 - 7761 - 0000		
대리인에 의한 진 정	□ 법정대리인 (성명 : , 연락처) □ 진정대리인 (성명 : 변호사, 연락처)		

2. 피고소인

성 명	○ ○ ○	주민등록번호	불상
주 소	불상		
직 업	불상	사무실 주 소	인터넷 포털사이트 ○○게임 상
전 화	(휴대폰) 010 -3432 - 0000		
기타사항	계좌번호 농협은행 ○○○○-○○-○○○-○○		

3. 진정취지

진정인은 피진정인을 형법 제347조 제1항 사기죄로 진정하오니 철저히 수사하여 피진정인이 법에 준엄함을 절실히 깨달을 수 있도록 엄벌에 처하여 주시기 바랍니다.

4. 진정원인

(1) 진정인은 ○○○○. ○○. ○○. 15:20경 인터넷 포털사이트 ○○게임 상에서 게임머니를 판매한다는 피진정인이 올린 글을 보고 카 톡으로 금 750,000원에 구입하기로 하고 피진정인이 카 톡으로 보내온 농협은 행 ○○○○-○○-○○○-○○ 계좌로 송금하였습니다.

(2) 진정인이 위 머니대금을 송금하고 바로 카 톡으로 머니를 보내달라고 하였으나 피진정인는 카 톡도 읽지 않고 아예 차단한 채 진정인이 카 톡을 수도 없이 보내도 답장도 없고 전화를 걸어도 바로 끊습니다.

(3) 피진정인은 진정인에게 처음부터 게임머니를 판매할 의사와 능력이 없었음에도 불구하고 게임머니를 진정인에게 판매하겠다고 속이고 진정인으로부터 게임머니대금을 교부받아 착복하였습니다.

(4) 진정인으로서는 피진정인에 대한 인적사항은 알지 못하고 피진정인이 범죄수단으로 이용한 휴대전화 ○○○-○○○○-○○○○번과 농협은행 위 계좌번호와 예금주명 그리고 카 톡 내용뿐입니다.

(5) 많은 돈은 아니지만 피진정인과 같은 나쁜 사람에게 게임머니대금 750,000원을 기부하기가 너무 싫어서 사기죄로 진정하게 되었습니다.

이에 피진정인을 형법 제347조 제1항 사기혐의로 진정하오니 철저히 수사하여 엄벌에 처하여 주시기 바랍니다.

5. 증거자료

□ 진정인은 진정인의 진술 외에 제출할 증거가 없습니다.

■ 진정인은 진정인의 진술 외에 제출할 증거가 있습니다.

☞ 제출할 증거의 세부내역은 별지를 작성하여 첨부합니다.

6.관련사건의 수사 및 재판 여부

① 중복 신고여부	본 진정서와 같은 내용의 진정서 또는 고소장을 다른 검찰청 또는 경찰서에 제출하거나 제출하였던 사실이 있습니다.□/없습니다. ■
② 관련 형사사건 수사 유무	본 진정서에 기재된 범죄사실과 관련된 사건 또는 공범에 대하여 검찰청이나 경찰서에서 수사 중에 있습니다. □/수사 중에 있지 않습니다. ■
③ 관련 민사소송 유무	본 진정서에 기재된 범죄사실과 관련된 사건에 대하여 법원에서 민사소송 중에 있습니다. □/민사소송 중에 있지 않습니다. ■

7.기타

본 진정서에 기재한 내용은 진정인이 알고 있는 지식과 경험을 바탕으로 모두 사실대로 작성하였습니다.

○○○○ 년 ○○ 월 ○○ 일

위 진정인 : ○   ○   ○   (인)

부산시 해운대경찰서장 귀중

별지 : 증거자료 세부 목록

　　(범죄사실 입증을 위해 제출하려는 증거에 대하여 아래 각 증거별로
　　해당 난을 구체적으로 작성해 주시기 바랍니다)

1.인적증거 (목격자, 기타 참고인 등)

성　명		주민등록번호		
주　소	자택 : 직장 :		직업	
전　화	(휴대폰)			
입증하려는 내　용				

2.증거서류(진술서, 차용증, 각서, 진단서 등)

순번	증　거	작성자	제출 유무
1	계좌송금영수증	진정인	■ 접수시 제출　□ 수사 중 제출
2	캡처화면	진정인	■ 접수시 제출　□ 수사 중 제출
3			□ 접수시 제출　□ 수사 중 제출
4			□ 접수시 제출　□ 수사 중 제출
5			□ 접수시 제출　□ 수사 중 제출

3.증거물

순번	증　거	작성자	제출 유무
1	영수증	진정인	■ 접수시 제출　□ 수사 중 제출
2	카 톡 내용	진정인	■ 접수시 제출　□ 수사 중 제출
3			□ 접수시 제출　□ 수사 중 제출
4			□ 접수시 제출　□ 수사 중 제출
5			□ 접수시 제출　□ 수사 중 제출

4.기타 증거

　필요에 따라 수시 제출하겠습니다.

다, 고소장

위 사안에 대한 고소장은 다음과 같이 작성하시면 됩니다.

고   소   장

고 소 인 : ○   ○   ○

피 고 소 인 : ○   ○   ○

부산시 해운대경찰서장 귀중

고   소   장

1. 고 소 인

성 명	○ ○ ○	주민등록번호	생략
주 소	부산시 ○○구 ○○로 ○○, ○○○-○○○호		
직 업	상업	사무실 주 소	생략
전 화	(휴대폰) 010 - 7761 - 0000		
대리인에 의한 고 소	☐ 법정대리인 (성명 : , 연락처) ☐ 고소대리인 (성명 : 변호사, 연락처)		

2. 피고소인

성 명	○ ○ ○	주민등록번호	불상
주 소	불상		
직 업	불상	사무실 주 소	인터카페 중고나라
전 화	(휴대폰) 불상		
기타사항	계좌번호 농협은행 ○○○○-○○-○○○-○○		

3. 고소취지

고소인은 피고소인을 형법 제347조 제1항 사기죄로 고소하오니 철저히 수사하여 피고소인이 법에 준엄함을 절실히 깨달을 수 있도록 엄벌에 처하여 주시기 바랍니다.

4.범죄사실

(1) 고소인은 ○○○○. ○○. ○○. 15:20경 인터넷 포털사이트 ○○게임 상에서 게임머니를 판매한다는 피고소인이 올린 글을 보고 카 톡으로 금 350,000원에 구입하기로 하고 피고소인이 카 톡으로 보내온 우리은 행 ○○○○-○○-○○○-○○ 계좌로 송금하였습니다.

(2) 고소인이 머니대금을 송금하고 바로 카 톡으로 머니를 보내달라고 하였 으나 피고소인는 카 톡도 읽지 않고 차단한 채 고소인이 카 톡을 수도 없이 보내도 답장도 없고 전화를 걸어도 바로 끊습니다.

(3) 피고소인은 고소인에게 처음부터 게임머니를 판매할 의사와 능력이 없었 음에도 불구하고 게임머니를 고소인에게 판매하겠다고 속이고 고소인으 로부터 게임머니대금을 교부받아 착복하였습니다.

(4) 고소인으로서는 피고소인에 대한 인적사항은 알지 못하고 피고소인이 범죄수단으로 이용한 우리은행 계좌번호와 예금주명 그리고 카 톡 내용 뿐입니다.

(5) 많은 돈은 아니지만 피고소인과 같은 나쁜 사람에게 게임머니대금 350 ,000원을 기부하기가 너무 싫어서 사기죄로 고소하게 되었습니다.

이에 피고소인을 형법 제347조 제1항 사기혐의로 고소하오니 철저히 수 사하여 엄벌에 처하여 주시기 바랍니다.

5.증거자료

☐ 고소인은 고소인의 진술 외에 제출할 증거가 없습니다.

■ 고소인은 고소인의 진술 외에 제출할 증거가 있습니다.

　☞ 제출할 증거의 세부내역은 별지를 작성하여 첨부합니다.

6. 관련사건의 수사 및 재판 여부

① 중복 신고여부	본 고소장과 같은 내용의 진정서 또는 고소장을 다른 검찰청 또는 경찰서에 제출하거나 제출하였던 사실이 있습니다.□/없습니다. ■
② 관련 형사사건 수사 유무	본 고소장에 기재된 범죄사실과 관련된 사건 또는 공범에 대하여 검찰청이나 경찰서에서 수사 중에 있습니다. □/수사 중에 있지 않습니다. ■
③ 관련 민사소송 유무	본 고소장에 기재된 범죄사실과 관련된 사건에 대하여 법원에서 민사소송 중에 있습니다. □/민사소송 중에 있지 않습니다. ■

7. 기타

본 고소장에 기재한 내용은 고소인이 알고 있는 지식과 경험을 바탕으로 모두 사실대로 작성하였으며, 만일 허위사실을 고소하였을 때에는 형법 제156조 무고죄로 처벌받을 것임을 아울러 서약합니다.

○○○○ 년 ○○ 월 ○○ 일

위 고소인 : ○　○　○　　(인)

부산시　해운대경찰서장　귀중

별지 : 증거자료 세부 목록

(범죄사실 입증을 위해 제출하려는 증거에 대하여 아래 각 증거별로 해당 난을 구체적으로 작성해 주시기 바랍니다)

1.인적증거 (목격자, 기타 참고인 등)

성 명		주민등록번호			
주 소	자택 : 직장 :			직업	
전 화	(휴대폰)				
입증하려는 내 용					

2.증거서류(진술서, 차용증, 각서, 진단서 등)

순번	증 거	작성자	제출 유무
1	계좌송금영수증	고소인	■ 접수시 제출 □ 수사 중 제출
2	캡처화면	고소인	■ 접수시 제출 □ 수사 중 제출
3			□ 접수시 제출 □ 수사 중 제출
4			□ 접수시 제출 □ 수사 중 제출
5			□ 접수시 제출 □ 수사 중 제출

3.증거물

순번	증 거	작성자	제출 유무
1	영수증	고소인	■ 접수시 제출 □ 수사 중 제출
2	카 톡 내용	고소인	■ 접수시 제출 □ 수사 중 제출
3			□ 접수시 제출 □ 수사 중 제출
4			□ 접수시 제출 □ 수사 중 제출
5			□ 접수시 제출 □ 수사 중 제출

4.기타 증거

필요에 따라 수시 제출하겠습니다.

제10장 전기통신금융사기 피해방지 및 피해금 환급에 관한 특별법

전기통신금융사기 피해방지 및 피해 금 환급에 관한 특별법은 전기통신금융사기를 방지하기 위하여 정부의 피해방지 대책 및 금융회사의 피해방지 책임 등을 정하고, 전기통신금융사기의 피해자에 대한 피해금 환급을 위하여 사기이용계좌의 채권소멸절차와 피해 금 환급절차 등을 정함으로써 전기통신금융사기를 예방하고 피해자의 재산상 피해를 신속하게 회복하는 데 이바지하는 것을 목적으로 제정하였습니다.

전기통신금융사기 피해방지 및 피해 금 환급에 관한 특별법 제2조 제2호 전기통신금융사기로 피해를 입은 같은 제3호의 피해자는 같은 제4호의 사기이용계좌에 자금이 남은 경우 같은 제5호의 피해 금을 같은 제6호에 의하여 피해 금 환급을 받을 수 있습니다.

전기통신금융사기를 당한 경우에는 사기범이 피해 금을 인출하기 전에 사기이용계좌의 지급정지를 신청하여야 합니다.

전기통신금융사기 피해 금 환급에 관한 특별법의 구제대상은 사기이용계좌의 피해 금이 남은 경우로 한정하고 있습니다.

경찰청 112범죄센터를 통해 피해 금 지급정지를 신청하시면 됩니다.

전기통신금융사기 피해 신고자는 가까운 경찰서에서 피해신고확인서를 발급받아 지급정지를 요청한 은행에 경찰서에서 발급한 피해신고확인서와 신분증 사본, 피해구제신청서를 3일 이내에 제출하면 피해 금이 사기이용계좌에 자금이 남아 있는 경우 환급받을 수 있습니다.

그러나 사기이용계좌에 자금이 모두 인출되어 남은 돈이 없는 경우 범인이 형사재판을 받고 있는 경우 그 해당법원에 판결 선고가 있기 전까지 배상명령을 신청할 수 있습니다.

범인이 검거되지 않았을 경우 피해자는 그 사기이용계좌의 명의인을 상대로 민사소송을 제기하여 피해 금을 반환받을 수밖에 없습니다.

사기이용계좌의 명의자가 사기방조를 하여 형사 처벌을 받은 경우 그 사기이용계좌 명의를 대여한 자를 상대로 손해배상(기) 청구소송을 제기하여 피해 금을 변제받을 수 도 있습니다.

사기이용계좌 신고서

접수번호				
제출일				
신고자	성명		(서명)	
	주소			
	전화번호		이메일 주소	
	본인명의 계좌	(은행명)	(계좌번호)	
사기이용 계좌 신고내용	위반행위자	(명의인) (이용자) (거래자)		
	관련 사실관계	※ 장소, 일시, 방법 등 사기이용계좌로 이용된 의심이 되는 정황을 구체적으로 기술		
	전기통신금융 사기와의 관련성			
	증거자료 (별첨)	1. 2. 3. 4.		

제11장 사기피해 금 배상명령신청

사기 등 범죄로 피해를 입은 피해자가 신속하고 간편하게 보상을 받을 수 있도록 한다는 취지에서 '소송촉진 등에 관한 특례법' 에 규정된 제도를 배상명령제도라고 합니다.

배상명령신청 범위는 범죄행위로 인하여 발생한 직접적인 (1) 물적 피해, (2) 치료비 손해 (3) 위자료 등이며 배상명령에서 인정되지 못한 부분은 별도로 민사소송을 제기할 수 있습니다.

법원이 사기 등 형사사건을 재판하는 과정에서 직권에 의하여 또는 피해자의 신청에 따라 범행으로 인해 발생한 직접적인 물적 피해, 치료비 및 위자료의 배상을 명령할 수 있습니다.

원칙적으로는 가해자가 받는 형사 처벌과 별도로 피해자가 범행으로 입은 피해보상을 받으려면 따로 민사소송을 제기하여야 하지만 피해자가 입은 피해에 대해 신속하고 간편하게 보상을 받을 수 있도록 한다는 취지에서 '소송촉진 등에 관한 특례법' 에 의하여 제1심 또는 제2심 변론 종결 전까지 재판이 진행 중인 법원 민원실에 배상명령을 신청하거나, 법정에 증인으로 출석하여 구두로 신청할 수 있습니다. 배상명령을 신청할 수 있는 형사사건은 상해, 폭행, 과실 치상, 강간·추행, 사기·공갈, 횡령·배임, 손괴 등 '소송촉진 등에 관한 특례법' 에 규정된 사건과 가정보호사건 등 '가정폭력범죄의 처벌 등에 관한 특례법' 에 규정된 범죄 등이 해당합니다.

따라서 사기 피해자가 배상명령에서 인정되지 못한 부분은 별도의 민사소송을 제기할 수 있으며, 배상명령은 피고인(범인)에 대한 유죄판결의 선고와 동시에 이뤄지는데, 배상명령이 기재된 유죄판결문은 민사판결문과 동일한 효력이 있기 때문에 강제집행을 할 수 있으므로 별도 민사소송을 제기할 필요가 없습니다.

배 상 명 령 신 청 서

고 소 인 : ○　　　○　　　○

피 고 소 인 : ○　　　○　　　○

청주지방법원 형사○단독 귀중

배 상 명 령 신 청 서

1. 신 청 인

성 명	○ ○ ○	주민등록번호	생략
주 소	청주시 ○○구 ○○로 ○○길 ○○○, ○○○호		
직 업	생략	사무실 주 소	생략
전 화	(휴대폰) 010 - 1489 - 0000		
대리인에 의한 신 청	☐ 법정대리인 (성명 :　　,　　　연락처　　　) ☐ 신청대리인 (성명 : 변호사,　　연락처　　　)		

2. 피 고 인

성 명	○ ○ ○	주민등록번호	생략
주 소	청주시 청원구 ○○로 ○○길 ○○, ○○○호		
참고사항	현재 : 청주교도소 수감 중 수형번호 제○○○호		
사건번호	청주지방법원 ○○○○고단○○○○호 사기		
기타사항	이 사건의 피고인 겸 가해자입니다.		

3. 배상을 청구하는 금액

금 780,000원정.

단, 신청인이 ○○○○. ○○. ○○. 피고인에게 게임머니를 구입하고 그 대금을 송금한 원금.

4.배상의 대상과 그 내용

○ 피고인은 ○○○○. ○○. ○○. 15:20경 인터넷 한게임 사이트 일대
일 채팅창에서 게임머니를 저렴한 금액으로 판매한다는 글을 올렸고
우연히 피고인이 올린 글을 보고 신청인이 연락을 하자 신청인에게 게
임머니 대금으로 금 780,000원을 판매명목으로 교부받아 이를 편취한
혐의로 구속되어 현재 귀원에서 공판 계속 중에 있습니다.

○ 따라서 신청인은 위의 피해 금 780,000원에 대한 배상을 구하기 위하
여 이 사건 배상명령을 신청합니다.

소명자료 및 첨부서류

1. 소 갑제1호증   계좌이체영수증
1. 소 갑제2호증   고소장
1. 배상명령신청서 부본

○○○○ 년 ○○ 월 ○○ 일

위 신청인 : ○   ○   ○   (인)

청주지방법원 형사○단독 귀중

제12장 사기피해 금 민사소송

　　전기통신금융사기 피해방지 및 피해 금 환급에 관한 특별법 제2조 제2호 전기통신금융사기로 피해를 입은 같은 제3호의 피해자는 같은 제4호의 사기이용계좌에 자금이 남은 경우 같은 제5호의 피해 금을 같은 제6호에 의하여 피해 금 환급을 받을 수 있습니다.

　　전기통신금융사기 피해 금 환급에 관한 특별법의 구제대상은 사기 이용계좌의 피해 금이 남은 경우로 한정하고 있습니다.

　　피해자는 사기이용계좌에 대하여 지급정지를 신청하고 사기이용계 좌에 자금이 남아 있는 경우 피해 금 환급을 받을 수 있으나 자금이 남아 있지 않은 경우 범인을 상대로 손해배상(기) 청구의 소를 제기 하여 피해 금을 돌려받을 수 있습니다.

　　또한 범인이 검거되지 않은 경우 그 범인에게 사기이용계좌의 명 의를 빌려준 사기이용계좌 명의자를 상대로 손해배상(기) 청구의 소 를 제기하여 피해금을 변제받을 수 있는데 수사기관에서 사기이용계 좌의 명의인을 조사하여 고의성이 있었거나 범행에 대한 사기방조혐 의가 인정된 경우 전액 변제받을 수 있겠지만 사기이용계좌의 명의인 도 범인에게 속아 사기이용계좌를 넘긴 것이거나 고의성이 없는 경우 사기이용계좌 명의인을 상대로 손해배상(기) 청구소송을 제기한 경우 피해 금을 100% 변제받기는 어렵습니다.

가, 손해배상(기) 청구의 소

　　불법행위에 기한 사기 피해 금은 사기이용계좌에 자금이 있으면 전액 전기통신금융사기 피해방지 및 피해 금 환급에 관한 특별법에 의하여 환급받을 수 있겠지만 자금이 없는 경우 범인을 상대로 손해배상(기) 청구의 소를 제기하여 피해 금을 받을 수 있습니다.

범인이 검거되어 형사재판이 계류 중인 경우 판결 선고 전까지 배상명령신청을 하면 피해 금을 돌려주라는 배상명령을 받아 강제집행을 할 수 있으므로 별도의 손해배상(기) 청구소송을 제기할 필요가 없습니다.

그러나 범인이 휴대전화는 대포 폰을 사용하였다거나 범행에 이용된 계좌 또는 대포통장을 사용한 경우 비 대면으로 인터넷 상에서 일어난 사기사건의 경우 범인을 체포하거나 검거하기는 어렵습니다.

범인이 검거되지 않고 또 사기이용계좌에 자금이 하나도 없이 모두 인출한 상태에서는 범인을 상대로 피해 금에 대한 손해배상(기) 청구소송을 제기하거나 사기이용계좌 명의를 대여한 그 계좌명의인을 상대로 손해배상(기) 청구소송을 제기하여 피해 금을 변제받을 수밖에 없습니다.

범인이 검거되어 형사재판을 받고 있을 때는 배상명령신청을 하고 배상명령신청에서 원용되지 않아 피해 금을 전액 변제받지 못한 경우 형사사건과는 별도로 손해배상(기) 청구소송을 제기하여 위자료 등의 손해도 청구할 수 있습니다.

나, 소액사건 민사소송

소액 사건은 소액사건심판법 제2조 제1항 적용범위 등 이 법은 지방법원 및 지원의 관할사건 중 대법원규칙으로 정하는 민사사건(이하 "소액사건" 이라 한다)에 적용합니다.

심판규칙 제1조의2(소액사건의 범위) 소액사건심판법 제2조 제1항에 따른 소액사건은 제소한 때의 소송목적의 값이 3,000만 원을 초과하지 아니하는 금전 기타 대체물이나 유가증권의 일정한 수량의 지급을 목적으로 하는 제1심의 민사사건을 말합니다.

사기 피해를 입고 피해 금을 돌려받지 못한 경우 하는 수 없이 법원의 힘을 빌릴 수밖에 없을 것입니다. 법원에 힘을 빌리는 방법에는 청구금액에 따라 여러 가지가 있으나 그 중에서도 사기피해 금의 경우 쟁점이 거의 없고 판단이 어렵지 않기 때문에 간이소송절차인 '소액심판청구소송'을 활용하시면 쉽게 판결을 얻을 수 있습니다.

다, 범인의 인적 범위 특정

소액심판청구소송을 제기하여 범인으로부터 입은 피해 금을 받기 위해서는 먼저 재판의 효력이 미치는 인적 범위를 확정하고 강제집행의 대상이 되는 범인을 특정하기 위하여 (1) 성명, (2) 주소, (3) 주민등록번호를 기재하여야 합니다.

소송은 소송서류(소장)를 범인에게 송달하여야 소송이 진행되므로 매우 중요한 의미를 가지며, 송달장소 등을 확인하고 상대방의 인적사항을 특정하는 것은 원고이자 피해자의 책임입니다.

대부분 사기범에 대한 인적사항을 제대로 알지 못하므로 소액심판청구소송을 제기하면서 범인의 기본정보(휴대전화, 계좌번호, 수사기록 등)로 사실조회신청서를 제출하고 법원의 사실조회촉탁에 의하여 범인의 인적사항을 확보하여 당사자표시를 정정하여야 합니다.

라, 1회의 심리종결

소액심판청구소송은 범인의 인적사항을 모를 경우 사실조회를 신청하여 확보할 수 있고 또 공시송달의 요건이 갖추어진 경우 공시송달로 송달을 끝낼 수도 있으며 소장접수와 동시 최초의 변론기일도 지정하고, 1회에 한하여 변론을 종결하여야 하고, 변론종결과 즉시에서 판결을 선고하고, 재판장의 재량에 의하여 소장의 부본이나 제소

조서등본을 붙여 이행권고결정을 할 수 있기 때문에 시간이 오래 걸리지 않습니다.

마, 관할법원

소액심판청구소송의 관할법원은 사물관할에 있어서 지방법원 또는 지원의 단독판사가 관할하나, 시법원이나 군법원의 관할구역 안의 사건은 시·군법원의 판사가 전속적으로 관할합니다.

토지관할에 있어서 피고의 보통재판적이 있는 곳의 지방법원이나 민사소송법 제7조 내지 제9조(근무지, 거소지 또는 의무이행지, 어음수표의 지급지), 제12조(사무소 또는 영업소), 제18조(불법행위지)의 규정에 의한 관할법원입니다.

민사소송법 제8조에 따른 거소지 또는 의무이행지(사기피해 금) 법원이 관할법원으로 추가됨에 따라 피해자(원고)는 자기의 주소지 지방법원이나 지원 또는 시·군법원에도 소액심판청구소송을 제기할 수 있습니다.

바, 인지대 및 송달료

소액심판청구소송에는 인지를 붙여야 합니다. 붙여야 할 인지액 계산은 소제기 시 소송목적의 값을 정하고 이에 따른 인지액을 다음과 같이 산출한 후 그 해당액을 붙이면 됩니다.

소송목적의 값이 1,000만 원 미만,
소가×0.005 = 인지,

소송목적의 값이 1,000만 원 이상
3,000만 원 미만(소액사건)
소가×0.0045+5,000 = 인지,

인지액이 1,000원 미만인 경우, 1,000원을 붙이고, 1,000원 이상인 경우, 100원 미만의 단수는 버리며, 붙여야 할 인지액이 10,000원 이상일 때는 현금으로 납부하여야 하고, 현금으로 납부할 경우 수납은행이나 인터넷에서 인지수납대행기관의 홈페이지에서 인지수납대행기관을 통하여 신용카드 등으로 납부하고 그 납부서를 소액심판청구소송의 소장에 첨부하면 됩니다.

소액심판청구소송에는 송달료를 예납하여야 합니다. 송달료 1회분은 4,700원입니다.(이는 2018. 8. 1.부로 인상된 금액입니다)

송달료 계산은 원고1인, 피고1인을 기준으로 하여 각 10회분씩 총 20회분 금 94,000원의 송달료를 예납하고 그 납부서를 소액심판청구소송의 소장에 첨부하면 됩니다.

인지대 또는 송달료금을 수납은행에서 납부하는 방법으로는 먼저 관할법원이 지방법원이나 지원인 경우 대부분은 법원 안에 수납은행이 상주하고 있습니다.

수납은행의 창구에는 인지에 대해서는 소송 등 인지의 현금납부서 3장으로 구성된 용지를 비치하고 있으며, 송달료에 대해서는 송달료 예납·추납 납부서 3장으로 구성된 용지를 각 비치하고 있으므로 같이 납부하여 소액심판청구에 첨부해 제출하면 됩니다.

관할법원이 시·군법원인 경우 대부분 수납은행이 외부에 있으므로 반드시 법원으로 전화하여 수납은행의 위치를 확인한 후 이동하시면 번거로움을 줄일 수 있습니다.

사, 이행권고결정

이행권고결정은 소액심판청구소송이 제기된 경우 법원은 결정으로 소장의 부본이나 제소조서등본을 붙여 피고에게 청구취지대로 이행할 것을 권고할 수 있는데 이를 이행권고결정이라고 합니다.

확정은 피고가 기간 내에 이의신청을 하지 않거나 이의신청이 각하 또는 취하된 때에는 확정판결과 같은 효력을 가지고 이로써 소액심판청구는 모두 종료되고 원고는 확정된 이행권고결정에 의하여 피고의 재산에 강제집행을 할 수 있습니다.

아, 변론에 의한 절차

소액심판청구소송에 대한 당사자의 배우자·직계혈족·형제자매는 변호사가 아니더라도 법원의 허가 없이도 소송대리인이 될 수 있습니다.

판사는 되도록 1회의 변론기일로 심리를 마치도록 하여야 합니다. 판사는 필요한 경우 근무시간 외 또는 공휴일에도 개정할 수 있습니다.

소액심판청구소송은 시·군법원의 관할에 속하므로 재판관계인 등이 교통의 불편으로 법정에 출석하기 어려운 경우에 동영상과 음성을 동시에 송수신하는 장치가 갖추어진 다른 원격지의 법정에 출석하여 진행하는 재판을 받을 수 있습니다.

판사가 갑자기 인사이동 등으로 경질이 있는 경우라도 변론의 갱신 없이 판결을 할 수 있습니다.

조서는 당사자의 이의가 있는 경우를 제외하고 판사의 허가가 있는 때에는 이에 기재할 사항을 생략할 수 있습니다.

자, 판결의 선고

　　소액심판청구소송의 판결의 선고는 변론종결 후 즉시 할 수 있습니다.

　　판결을 선고함에는 주문을 낭독하고 주문이 정당함을 인정할 수 있는 범위 안에서 그 이유의 요지를 구술로 설명하여야 합니다.

　　대신 판결서에는 이유를 기재하지 아니할 수 있습니다.

소   장

원   고 : ○   ○   ○

피   고 : ○   ○   ○

손해배상(기) 청구의 소

소송물 가액금	금	270,000원
첨부할 인지액	금	1,300원
첨부한 인지액	금	1,300원
납부한 송달료	금	94,000원
비 고		

서울 남부지방법원 귀중

소　　　　　장

1. 원고

성　　　명	○ ○ ○	주민등록번호	생략
주　　　소	서울시 양천구 ○○로○길 ○○. ○○○		
직　　　업	상업	사무실 주　소	생략
전　　　화	(휴대폰) 010 - 7712 - 0000		
기타사항	이 사건 사기 피해자입니다.		

2. 피고

성　　　명	○ ○ ○	주민등록번호	무지
주　　　소	무지		
직　　　업	무지	사무실 주　소	생략
전　　　화	(휴대폰) 무지		
기타사항	이 사건 사기사건의 예금통장대여자입니다.		

3. 손해배상(기) 청구의 소

청구취지

1. 피고는 원고에게 금 270,000원 및 ○○○○. ○○. ○○.부터 이 사건 소
   장부본이 송달 된 날까지는 5%의 그 다음날부터 다 갚을 때까지는 연
   15 %의 비율에 의한 돈을 지급하라.

2. 소송비용은 피고의 부담으로 한다.

3. 위 제1항은 가집행 할 수 있다.

라는 판결을 구합니다.

청 구 원 인

1. 이 사건의 경위

가, 원고는 ○○○○. ○○. ○○. ○○:○○경 인터넷 포털사이트 번개
장터에서 판매하는 가방을 270,000원에 구매하고 성명불상자가 제시
한 피고 명의의 농협은행 ○○○○-○○-○○○-○○ 계좌로 송금하
였습니다.

나, 성명불상자는 원고가 위 가방대금 송금하자 바로 그 다음날 오후에
배송하겠다고 했는데 현재까지 위 가방은 배송되지 않고 전혀 연락
이 되지 않습니다.

2. 피고의 예금통장 대여

가, 성명불상자는 원고에게 처음부터 가방을 판매하더라도 인도할 의사
와 능력이 없었음에도 불구하고 원고에게 가방을 판매하겠다고 속이
고 원고로부터 위 가방대금을 피고 명의의 계좌로 송금하게 하고 편
취하여 사기죄로 고소하였으나 성명불상자는 현재까지 검거되지 않
았고 수사기관에서 계좌명의인 피고를 소환하여 수사를 한바, 피고
는 성명불상자로부터 대가를 지급받고 피고 명의의 이 사건 예금통
장을 성명불상자에게 건네준 것으로 밝혀졌습니다.

나, 피고 명의의 위 예금통장에는 원고가 위 가방구입대금을 송금하자마
자 전액 현금으로 인출하여 한 푼도 돈이 들어 있지 않습니다.

3. 고의에 의한 불법행위

가, 피고는 이 사건의 경위로 보아 사기의 공범으로 보이므로 성명불상자와 함께 원고에게 공동불법행위책임을 부담하므로 피고는 원고가 입은 손해를 배상할 책임이 있습니다.

다, 대법원은 민법 제760조 제3항은 불법행위의 방조자를 공동불법행위자로 보아 방조자에게 공동불법행위의 책임을 부담시키고 있다. 방조는 불법행위를 용이하게 하는 직접, 간접의 모든 행위를 가리키는 것으로서 손해의 전보를 목적으로 하여 과실을 원칙적으로 고의와 동일시하는 민사법의 영역에서는 과실에 의한 방조도 가능하며, 이 경우의 과실의 내용은 불법행위에 도움을 주지 말아야 할 주의의무가 있음을 전제로 하여 그 의무를 위반하는 것을 말한다. 그런데 타인의 불법행위에 대하여 과실에 의한 방조로서 공동불법행위의 책임을 지우기 위해서는 방조행위와 불법행위에 의한 피해자의 손해 발생 사이에 상당인과관계가 인정되어야 하며, 상당인과관계가 있는지 여부를 판단할 때에는 과실에 의한 행위로 인하여 해당 불법행위를 용이하게 한다는 사정에 관한 예견 가능성과 아울러 과실에 의한 행위가 피해 발생에 끼친 영향, 피해자의 신뢰 형성에 기여한 정도, 피해자 스스로 쉽게 피해를 방지할 수 있었는지 등을 종합적으로 고려하여 그 책임이 지나치게 확대되지 않도록 신중을 기하여야 한다 (대법원 2014. 3. 27. 선고 2013다91597 판결 등).

한편, 전자금융거래법 제6조 제3항 제1호는 현금카드 등의 전자식 카드나 비밀번호 등과 같은 전자금융거래에서 접근매체를 양도하는 행위를 원칙적으로 금지하고 그 위반행위를 처벌하는 규정을 두고 있는바, 이는 예금주의 명의와 다른 사람이 전자금융거래를 함으로 인하여 투명하지 못한 거래가 이루어지는 것을 방지함으로써 전자금융거래의 안정성과 신뢰를 확보하기 위한 것이다. 그런데 전자금융거래를 이용하는 목적이나 이를 매개로 이루어지는 개별적인 거래의 내용이 다양하므로, 접근매체의 양도 자체로 인하여 피해자가 잘못된 신뢰를 형성하여 해당 금융거래에 관한 원인계약을 체결하기에 이르렀다고 단정하기는 어렵다. 따라서 접근매체를 통하여 전자금융거래가 이루어진 경우에 그 전자금융거래에 의한 법률효과를 접근매체의 명의자에게 부담시키는 것을 넘어 그 전자금융거래를 매개로 이루어진 개별적인 거래가 불법행위에 해당한다는 이유로 접근매체를 양도한 명의자에게 과실에 의한 방조로 인한 손해배상책임을 지우기 위해서는, 접근매체 양도 당시의 구체적인 사정에 기초하여 접근매체를 통하여 이루어지는 개별적인 거래가 불법행위에 해당한다는 점과 그 불법행위에 접근매체를 이용하게 함으로써 그 불법행위를 용이하게 한다는 점을 명의자가 예견할 수 있어 접근매체의 양도와 불법행위로 인한 손해 사이에 상당인과관계가 인정되어야 한다(대법원 2007. 7. 13. 선고 2005다21821 판결). 그리고 이와 같은 예견가능성이 있는지 여부는 접근매체를 양도하게 된 목적 및 경위, 그 양도 목적의 실현 가능성, 양도의 대가나 이익의 존부, 양수인의 신원, 접근매체를 이용한 불법행위의 내용 및 그 불법행위에 대한 접근매체의 기여도, 접근매체 이용 상황에 대한 양도인의 확인 여부 등을 종합적으로 고려하여 판단하여야 한다(대법원 2015. 1. 15. 선고 2012다84707 판결, 2015. 1. 29. 선고 2012다80606 판결 등).

라. 위 판례와 같이 피고가 자신의 예금통장 또는 현금카드를 성명불상자에게 건네주면 일반인의 경험칙상 자신의 행위가 사기에 이용될 수 있다는 사실을 충분히 예견할 수 있었을 것이므로 피고의 행위와 원고의 손해 사이에 상당인과관계도 인정되므로, 피고는 원고에 대하여 성명불상자와 공동불법행위자로서의 손해배상책임이 있습니다.

4. 결론

그렇다면 피고는 원고에게 270,000원 및 이에 대하여 이 사건 불법행위일인 ○○○○. ○○. ○○.부터 피고가 이 사건 이행의무의 존부 및 범위에 관하여 항쟁함이 상당하다고 인정되는 판결 선고 일까지는 민법이 정한 연 5%의, 그 다음날부터 다 갚는 날까지는 소송촉진 등에 관한 특례법이 정한 연 15%의 각 비율에 의한 지연손해금을 지급할 의무가 있습니다.

소명자료 및 첨부서류

1. 갑 제1호증   피해신고 진정서
1. 갑 제2호증   계좌이체영수증

○○○○ 년 ○○ 월 ○○ 일

위 원고 : ○ ○ ○   (인)

서울 남부지방법원 귀중

소　　　　　　　장

원　　고 : ○　　　　○　　　　○

피　　고 : ○　　　　○　　　　○

손해배상（기） 청구의 소

소송물 가액금	금	900,000원
첨부할 인지액	금	4,500원
첨부한 인지액	금	4,500원
납부한 송달료	금	94,000원
비　　고		

광주지방법원 해남지원 귀중

소   장

1. 원고

성 명	○ ○ ○	주민등록번호	생략
주 소	전라남도 해남군 해남읍 ○○로○길 ○○. ○○○		
직 업	개인사업	사무실 주 소	생략
전 화	(휴대폰) 010 - 9987 - 0000		
기타사항	이 사건 사기 피해자입니다.		

2. 피고

성 명	○ ○ ○	주민등록번호	무지
주 소	무지		
직 업	무지	사무실 주 소	생략
전 화	(휴대폰) 무지		
기타사항	이 사건 사기사건의 예금통장대여자입니다.		

3. 손해배상(기) 청구의 소

청구취지

1. 피고는 원고에게 금 900,000원 및 ○○○○. ○○. ○○.부터 이 사건 소
   장부본이 송달 된 날까지는 5%의 그 다음날부터 다 갚을 때까지는 연
   15 %의 비율에 의한 돈을 지급하라.

2. 소송비용은 피고의 부담으로 한다.

3. 위 제1항은 가집행 할 수 있다.

라는 판결을 구합니다.

청구원인

1. 이 사건의 경위

가, 원고는 ○○○○. ○○. ○○. ○○:○○경 인터넷 포털사이트 ○○ 카페에서 판매하는 ○○노트북을 900,000원에 구매하기로 하고 성명불상자가 원고에게 문자메시지로 보내온 피고 명의의 하나은행 ○○ ○○-○○-○○○-○○ 계좌로 송금하였습니다.

나, 성명불상자는 원고가 위 노트북대금 900,000원을 송금하자 바로 그 다음날 오후에 배송하겠다고 했는데 현재까지 위 노트북은 배송되지 않았고 성명불상자는 바로 잠적해버렸습니다.

2. 피고의 예금통장 대여

가, 성명불상자는 원고에게 처음부터 노트북을 원고에게 판매하더라도 인도할 의사와 능력이 없었음에도 불구하고 원고에게 노트북을 판매하겠다고 속이고 원고로부터 위 노트북대금을 피고 명의의 계좌로 송금하게 하고 편취하여 사기죄로 고소하였으나 성명불상자는 현재까지 검거되지 않았고 수사기관에서 계좌명의인 피고를 소환하여 수사를 한바, 피고는 성명불상자로부터 일정금액을 지급받기로 하고 피고 명의의 이 사건 예금통장과 현금카드를 성명불상자에게 건네준 것으로 밝혀졌습니다.

나, 현재 피고 명의의 위 예금통장에는 원고가 위 노트북대금을 송금하자

마자 바로 현금으로 모두 인출하고 한 푼도 돈이 들어 있지 않습니다.

3. 피고의 고의에 의한 불법행위

가, 피고는 이 사건의 경위로 보아 사기의 공범으로 보이므로 성명불상자와 함께 원고에게 공동불법행위책임을 부담하므로 피고는 원고가 입은 손해를 배상하여야 할 책임이 있습니다.

다, 대법원은 민법 제760조 제3항은 불법행위의 방조자를 공동불법행위자로 보아 방조자에게 공동불법행위의 책임을 부담시키고 있다. 방조는 불법행위를 용이하게 하는 직접, 간접의 모든 행위를 가리키는 것으로서 손해의 전보를 목적으로 하여 과실을 원칙적으로 고의와 동일시하는 민사법의 영역에서는 과실에 의한 방조도 가능하며, 이 경우의 과실의 내용은 불법행위에 도움을 주지 말아야 할 주의의무가 있음을 전제로 하여 그 의무를 위반하는 것을 말한다. 그런데 타인의 불법행위에 대하여 과실에 의한 방조로서 공동불법행위의 책임을 지우기 위해서는 방조행위와 불법행위에 의한 피해자의 손해 발생 사이에 상당인과관계가 인정되어야 하며, 상당인과관계가 있는지 여부를 판단할 때에는 과실에 의한 행위로 인하여 해당 불법행위를 용이하게 한다는 사정에 관한 예견 가능성과 아울러 과실에 의한 행위가 피해 발생에 끼친 영향, 피해자의 신뢰 형성에 기여한 정도, 피해자 스스로 쉽게 피해를 방지할 수 있었는지 등을 종합적으로 고려하여 그 책임이 지나치게 확대되지 않도록 신중을 기하여야 한다 (대법원 2014. 3. 27. 선고 2013다91597 판결 등).

한편, 전자금융거래법 제6조 제3항 제1호는 현금카드 등의 전자식 카드나 비밀번호 등과 같은 전자금융거래에서 접근매체를 양도하는 행위를 원칙적으로 금지하고 그 위반행위를 처벌하는 규정을 두고 있는바, 이는 예금주의 명의와 다른 사람이 전자금융거래를 함으로 인하여 투명하지 못한 거래가 이루어지는 것을 방지함으로써 전자금융거래의 안정성과 신뢰를 확보하기 위한 것이다. 그런데 전자금융거래를 이용하는 목적이나 이를 매개로 이루어지는 개별적인 거래의 내용이 다양하므로, 접근매체의 양도 자체로 인하여 피해자가 잘못된 신뢰를 형성하여 해당 금융거래에 관한 원인계약을 체결하기에 이르렀다고 단정하기는 어렵다. 따라서 접근매체를 통하여 전자금융거래가 이루어진 경우에 그 전자금융거래에 의한 법률효과를 접근매체의 명의자에게 부담시키는 것을 넘어 그 전자금융거래를 매개로 이루어진 개별적인 거래가 불법행위에 해당한다는 이유로 접근매체를 양도한 명의자에게 과실에 의한 방조로 인한 손해배상 책임을 지우기 위해서는, 접근매체 양도 당시의 구체적인 사정에 기초하여 접근매체를 통하여 이루어지는 개별적인 거래가 불법행위에 해당한다는 점과 그 불법행위에 접근매체를 이용하게 함으로써 그 불법행위를 용이하게 한다는 점을 명의자가 예견할 수 있어 접근매체의 양도와 불법행위로 인한 손해 사이에 상당인과관계가 인정되어야 한다(대법원 2007. 7. 13. 선고 2005다21821 판결). 그리고 이와 같은 예견가능성이 있는지 여부는 접근매체를 양도하게 된 목적 및 경위, 그 양도 목적의 실현 가능성, 양도의 대가나 이익의 존부, 양수인의 신원, 접근매체를 이용한 불법행위의 내용 및 그 불법행위에 대한 접근매체의 기여도, 접근매체 이용 상황에 대한 양도인의 확인 여부 등을 종합적으로 고려하여 판단하여야 한다(대법원 2015. 1. 15. 선고 2012다84707 판결, 20 15. 1. 29. 선고 2012다80606 판결 등).

라. 위 판례와 같이 피고가 자신의 예금통장 또는 현금카드를 성명불상자에게 전달하면 일반인의 경험칙상 자신의 행위가 사기에 이용될 수 있다는 사실을 충분히 예견할 수 있었을 것이므로 피고의 행위와 원고의 손해 사이에 상당인과관계도 인정되므로, 피고는 원고에 대하여 성명불상자와 공동불법행위자로서의 손해배상책임이 있습니다.

마, 피고가 예금통장과 현금카드까지 건네줌으로서 피고는 결과적으로 성명불상자의 범행을 더 용이하게 하였고 검거도 어렵게 만들어 성명불상자는 소재불명으로 기소중지 상태에 있습니다.

4. 결론

그렇다면 피고는 원고에게 900,000원 및 이에 대하여 이 사건 불법행위일인 ○○○○. ○○. ○○.부터 피고가 이 사건 이행의무의 존부 및 범위에 관하여 항쟁함이 상당하다고 인정되는 판결 선고일까지는 민법이 정한 연 5%의, 그 다음날부터 다 갚는 날까지는 소송촉진 등에 관한 특례법이 정한 연 15%의 각 비율에 의한 지연손해금을 지급할 의무가 있습니다.

소 명 자 료 및 첨 부 서 류

1. 갑 제1호증   고소장
1. 갑 제2호증   통장거래내역
1. 갑 제3호증   계좌이체영수증

○○○○ 년 ○○ 월 ○○ 일

위 원고 : ○ ○ ○   (인)

광주지방법원 해남지원 귀중

제13장 전기통신금융사기 피해금 환급절차

전기통신금융사기 피해자는 112(경찰청) 혹은 송금하거나 입금한 금융회사 콜센터로 연락하거나 직접 방문하여 별지와 같이 '지급정지 신청서'를 작성해 제출하시면 됩니다.

유선으로 지급정지를 요청하신 후 3영업일+14일 이내에 '피해구제신청서'를 제출하지 않는 경우, 해당 계좌의 지급정지가 해제될 수 있습니다.

피해구제신청서는 별지와 같이 작성하시면 됩니다.

그 이후, 피해 입은 사실을 토대로 진정서와 고소장을 작성하여 경찰서에 방문하여 접수하고 전기통신금융사기 피해와 관련된 별지와 같이 '사건사고사실확인원'을 작성해 제출하고 발급받은 이후에 신분증을 지참하시어 피해자의 송금계좌를 관리하는 금융회사 또는 명의인의 사기이용계좌를 관리하는 금융회사 영업점을 방문하여 별지와 같이 '피해구제신청서'를 작성해 제출하면 채권소멸절차가 진행되어 사기이용계좌에 자금이 있다면 환급을 받게 됩니다.

사기피해 금을 모두 돌려받은 경우 별지와 같이 '피해구제 취소 신청서'를 작성해 해당은행에 제출하시면 됩니다.

사기이용계좌에 자금이 들어 있는 경우 환급을 받을 수 있으나, 사기이용계좌에 자금이 없는 경우 범인이나 사기이용계좌 명의를 대여한 사람을 상대로 불법행위에 기한 민사소송 손해배상(기) 청구의 소를 제기하여 피해금을 받을 수밖에 없습니다.

지급정지요청서

※ 색상이 어두운 란은 신청인이 적지 않습니다.

접수번호		접수일자			
피해자 정보	성 명			생년월일	
	주 소				
	전화번호	휴대전화번호		전자우편주소	
	금융회사	예금종별		계좌번호 및 명의인	
	송금·이체 일시	금액			
지급정지 요청계좌	금융회사		계좌번호		명의인
	입금일시		개설점포		금액
피해금 이전계좌	금융회사		계좌번호		명의인
	입금일시		점포		금액
	출금일시		점포		금액

지급정지 요청사유

기타	담당자 성명	직위	연락처

「전기통신금융사기 피해 방지 및 피해금 환급에 관한 특별법」 제3조제2항 및 같은 법 시행령 제4조제1항에 따라 위와 같이 지급정지를 요청합니다.

년   월   일

금융회사
대표

(서명 또는 인)

○ ○ ○ 금융회사   귀하

첨부서류	피해자의 피해구제 신청서류 사본 1부(「전기통신금융사기 피해 방지 및 피해금 환급에 관한 특별법 시행령」 제3조제1항 본문)

피해구제신청서

※ 색상이 어두운 란은 신청인이 적지 않습니다.

접수번호	접수일자	

피해자	성 명		생년월일	
	주 소			
	전화번호	휴대전화번호	전자우편주소	

		금융회사	개설점포	예금종별
신청내용	피해자 계좌의 송금·이체내역	계좌번호		명의인
		송금·이체일시	금액	
	사기이용계좌 입금내역	금융회사	계좌번호	명의인
		입금일시	금액	
	피해환급금 입금계좌	금융회사	계좌번호	명의인

피해구제 신청사유

※ 거짓으로 피해구제를 신청하는 경우에는 법 제16조제1호에 따라 3년이하의 징역 또는 3천만원 이하의 벌금을 받을 수 있습니다.

「전기통신금융사기 피해 방지 및 피해금 환급에 관한 특별법」 제3조제1항 및 같은 법 시행령 제3조제1항에 따라 위와 같이 피해구제를 신청합니다.

년   월   일

신청인   (서명 또는 인)

○ ○ ○ 금융회사   귀하

첨부서류	피해자의 신분증 사본 1부	수수료 없음

사건사고사실확인원

제   호

피 의 자	성 명		주민등록번호	000000-1******
	주 소			
피해일시				
피해장소				
피해상황				
사건개요 (신고내용)				
신고(접수)일시		용도		

상기와 같이 피해상황을 귀서에 신고한 사실이 있으므로 확인원을 교부하여 주시기 바랍니다.

년 월 일

신청인 성 명 :   (인)   주민등록번호 :

(피의자와(과)의 관계 : 본인)

주 소 :

경찰청장 귀하

상기와 같이 피해신고를 접수한 사실이 있음을 확인함.

※ 사건접수번호 :

경 찰 청 장

*위 신고내용의 사실여부는 수사 중에 있으며, 본 확인서는 보증 또는 증거로 사용할 수 없습니다.

전 산 자 료 대 조 필		처리기간	즉 시
		수 수 료	없 음

발행일자 : ○○○○. ○○. ○○. 발행자 : ○ ○ ○

피해구제 취소신청서

※ 색상이 어두운 란은 신청인이 적지 않습니다.

접수번호		접수일자	

신청인	성 명		생년월일	
	주 소			
	전화번호	휴대전화번호	전자우편주소	

취소 신청 내용	피해구제 신청일자		
	송금·이체 일시	금액	

취소사유(구체적으로 기재합니다)

「전기통신금융사기 피해 방지 및 피해금 환급에 관한 특별법 시행령」 제8조제2항에 따라 위와 같이 전기통신금융사기 피해구제의 신청을 취소합니다.

년　　월　　일

신청인 성명　　　　　　　　　　　(서명 또는 인)

○○○ 금융회사　　귀하

첨부서류	피해자의 신분증 사본 1부	수수료 없음

▣ 대한실무법률편찬연구회 ▣

연구회 발행도서
- 2018년 소법전
- 법률용어사전
- 고소장 장석방법과 실무
- 탄원서 의견서 작성방법과 실무
- 소액소장 작성방법과 실무
- 항소 항고 이유서 작성방법과 실제
- 지급명령 신청방법
- 형사문제 고발·고소·진정 서식작성

유형별 사기·금융사기·인터넷물품거래사기·소액결
제사기·게임 아이템 머니사기 등
사기죄 고소장·진정서·해결방법　　　정가 24,000원

2022年 10月 10日 2판 인쇄
2022年 10月 15日 2판 발행

편　　저 : 대한법률편찬연구회
발 행 인 : 김 현 호
발 행 처 : 법문 북스
공 급 처 : 법률미디어

저자와 협의
하에 인지 생략

서울 구로구 경인로 54길4 (우편번호 : 08278)
TEL : (02)2636-2911~2,　FAX : (02)2636~3012
등록 : 1979년 8월 27일 제5-22호
Home : www.lawb.co.kr

▌ISBN 978-89-7535-745-9 (13360)
▌이 도서의 국립중앙도서관 출판예정도서목록(CIP)은 서지정보유통지원시스템 홈페이
지(http://seoji.nl.go.kr)와 국가자료종합목록 구축시스템(http://kolis-net.nl.go.kr)에
서 이용하실 수 있습니다. (CIP제어번호 : CIP2019026016)
▌파본은 교환해 드립니다.